LA PHILOSOPHIE SANS CONTREFAÇON

DE

Mylène Farmer

Direction éditoriale : Stéphane Chabenat
Éditrice : Coralie Delvigne
Conception graphique et mise en pages : Soft Office
Conception graphique de la couverture : 2Li

Les Éditions de **l'Opportun**
16, rue Dupetit-Thouars
75003 Paris
www.editionsopportun.com

GWENDAL FOSSOIS

LA PHILOSOPHIE SANS CONTREFAÇON DE *Mylène Farmer*

Les éditions de **l'Opportun**

SOMMAIRE

EN ROUTE VERS LE STYX...

Avec ses cheveux couleur feu, ses textes chocs et ses vidéoclips révolutionnaires, Mylène Farmer n'a eu de cesse de marquer le public depuis 1984. La succession des tubes ne le dément pas, dessinant les multiples visages d'une artiste qui continue toujours autant de fasciner.

Aujourd'hui, elle est considérée comme l'une des plus grandes chanteuses françaises : numéro 1 des ventes depuis les années 1980, elle est celle dont le plus de singles ont été ovationnés depuis le commencement de sa carrière. « À tout jamais », sorti en août 2022, a par exemple reçu un très bel accueil de la part du public[1]. Il paraît déjà loin, le temps des

1. Le site mylene.net évoque « un texte magistral, l'un de ses plus aboutis et complexes. Il suffit de lire les multiples interprétations passionnantes proposées par les médias et par des fans pour s'en convaincre. », « Votre avis sur le single "À tout jamais" », sur www.mylene.net, août 2022.

« plaisirs impolis » à l'odeur aigre d'hôpital, celui de la Libertine aux couleurs de *Barry Lyndon*, ou encore du pantin androgyne qui clame, mouchoir à l'appui, qu'il incarne le subversif chevalier d'Éon. Et pourtant, Mylène, épaulée par le créatif Laurent Boutonnat, poursuit son ascension exemplaire, mâtinée de thèmes qui trouvent toujours un écho particulièrement fort en nous : la différence, le rapport à la sexualité, la mort et le sens de la vie, l'amour, le sacré... Autant de sujets qui rythment notre quotidien, qui interrogent notre propension à exister, de manière individuelle et dans le collectif. Si son œuvre a trouvé un tel retentissement auprès du public, c'est parce qu'elle touche à quelque chose de fondamental dans ce qui nous constitue en tant qu'êtres humains. Ses textes vont plus loin qu'une simple observation du monde dans lequel nous évoluons. La critique est parfois acerbe, à d'autres moments d'une grande délicatesse, et presque toujours appuyée par un riche corpus littéraire, artistique, avec de multiples références à des penseurs depuis l'Antiquité.

Mylène est-elle philosophe ? En partie, oui, à travers ses réflexions poussées sur le genre humain. Des projets d'ampleur comme *Lisa-Loup et le conteur*, ou *L'Étoile polaire* avec Michel Onfray, illustrent parfaitement cette intention de bouger les lignes, de transmettre des messages qui débordent de ce que Pascal nommerait simple « divertissement ».

Cet ouvrage propose de mettre en exergue différents thèmes philosophiques qui s'animent au creux de l'œuvre majestueuse de cette artiste largement plébiscitée : le rapport complexe voire difficile à l'existence, la révolution sexuelle, l'observation du temps qui passe et les questionnements liés à la mort, les blasphèmes qui n'entachent pas une certaine forme de spiritualité, et l'amour qui émaille son travail depuis *Cendres de lune*. L'objectif, ici, n'est pas de signer une nouvelle biographie ou monographie sur la chanteuse, travail maintes fois entrepris par différents auteurs[1]. Ce livre invite à une initiation à différentes notions philosophiques, de manière non exhaustive, depuis Aristote jusqu'à Sartre et Saint-Exupéry, avec des détours en Orient, ou encore chez Camus, Jankélévitch... Il entend ensuite proposer une grille de lecture possible pour nous aider à mieux comprendre la portée des messages de l'artiste, avec la mise en avant des pensées de différents philosophes qui ont pu inspirer, directement ou non, cet univers délicatement tissé. Une manière de percer un

---

1. On se reportera notamment à Hugues Royer, *Mylène*, Flammarion, Paris, 2008 ; Brigitte Hemmerlin et Vanessa Pontet, *Mylène Farmer – La star aux deux visages*, Archipoche, Paris, 2019.

peu mieux le mystère Mylène. Enfilez donc vos bottes hautes, glissez dans la barque pour traverser le Styx et préparez votre anamorphose à travers ce merveilleux voyage sur le chemin de l'amour.

MF

Mylène

Mylène

Le jeu des Mots : susciter l'émotion et la révolte

Quand en 1984 le public français découvre cette jeune fille brune, cheveux un peu hirsutes, l'œil triste, qui répète que « maman a tort » et qu'elle « aime l'infirmière »[1], il est loin de se douter qu'elle occupera une place de choix dans le paysage musical. Tout l'univers Farmer / Boutonnat est pourtant déjà présent : une chanson aux allures de comptine, une stature réfléchie et un texte qui, dès le départ, se révèle provocant, gorgé de doubles sens. Cet hommage à Frances Farmer, actrice américaine

1. Mylène Farmer, « Maman a tort », compo. Laurent Boutonnat, Jérome Dahan, RCA, 1984.

qui subit de terribles traitements durant sept ans d'internement psychiatrique, annonce les prémices de l'atmosphère que la chanteuse, épaulée par son bras droit compositeur et producteur, tissera au fil des années.

Cela aurait pu n'être qu'une anecdote de la scène musicale des années 1980, mais Mylène Farmer ne cessera, au gré des singles et des albums, de tenter de faire bouger les lignes, de dénoncer les travers de la société, de questionner le sens de l'existence, de la mort, de l'amour. Ce faisant, elle pointe du doigt des thèmes qui nous touchent tous, directement ou non, et nous amènent à réfléchir sur le fonctionnement du monde, sur son sens. Que maman ait tort ou non, cela importe peu, car l'artiste a fait son nid, douillet quoique parfois terrifiant et emporté par la mélancolie, mais d'une solidité à toute épreuve.

1. LA POÉSIE DU LANGAGE ET LE JEU BAUDELAIRIEN

Le travail d'écriture est au cœur de la démarche de l'artiste ; elle a en effet composé les paroles de la quasi-totalité de son répertoire, auquel il faut ajouter le conte philosophique *Lisa-Loup et le conteur*. Les mots tiennent dans son travail une place centrale, capable de véhiculer des symboles puissants : c'est tout le sens du single « Les mots » chanté en duo avec Seal. L'exploration textuelle permet ainsi de véhiculer des émotions, par l'évocation poétique, par le biais des figures de style et par le choix de termes chocs, qui surprennent et éveillent l'auditeur. C'est le cas, par exemple, dans « Je t'aime mélancolie » avec le mot *nique* (« Après tout elle fait souvent la nique / Aux "trop bien" cultivées, et toc ! »[1]).

---

1. Mylène Farmer, « Je t'aime mélancolie », compo. Laurent Boutonnat, Mylène Farmer, Requiem Publishing, sur *L'autre...*, 1991.

L'éveil poétique

La puissance des mots ouvre à une certaine jouissance de l'écoute, qui s'étend jusqu'aux supports mêmes de ses disques. Certaines versions collectors de ses albums y font directement référence, en particulier le carnet de voyage *Innamoramento*, ensemble livresque enfermé dans une pochette en cuir, et l'écritoire *Bleu Noir* contenant un encrier, un porte-plume et un papier buvard. Mais ce sont les chansons elles-mêmes qui explorent la portée des mots, les jeux des sons, les phrasés cadencés qui instillent tant un rythme musical que des messages concrets, mais indirects. Les effets de style permettent en effet d'aborder des thèmes parfois polémiques, des sujets de société actuels, en évitant une partie de la censure. C'est ainsi qu'un auditeur peut ne pas saisir que « Pourvu qu'elles soient douces », par exemple, n'est pas une ode à l'amour mais à la sodomie.

L'œuvre de Mylène Farmer se situe donc dans le domaine poétique, n'en déplaise à ses détracteurs, accusant une musique dite « populaire » – c'est-à-dire appréciée par un grand nombre de personnes – qui se placerait moins dans une démarche artistique

que dans une perspective strictement marketing. Son univers fait appel à de multiples poètes et penseurs. Or, poésie et philosophie, malgré une opposition datée de Platon au moins, présentent un lien indéfectible, explique Santo Alessandro Arcoleo : « La poésie s'offre comme méditation philosophique, qui présente les caractères d'une structure poétique, mais qui est une expression de la vision et des vicissitudes de la réalité humaine. [...] Qu'est la philosophie ? L'amour de la sagesse. Qu'est la poésie ? Expression, intuition et contemplation de l'amour. »[1]

La poésie également, selon le philosophe Alain Badiou, « a toujours été un lieu de pensée, une procédure de vérité. [...] Le poème est une pensée en acte. »[2] Elle délivre donc un message, une vérité mais, à la différence de la philosophie, elle s'exprime à travers une certaine expérience du sensible, là où la philosophie se veut détachée, analytique.

Les procédés employés dans une majorité des textes de Mylène Farmer tiennent de cet art poétique, participant à une esthétique propre à son univers. La

---

1. Santo Alessandro Arcoleo, « Poésie et philosophie. Marcel Conche interprète de l'Iliade d'Homère », dans *Revue philosophique de la France et de l'étranger*, 2004/1, tome 129.

2. Alain Badiou, *Que pense le poème ?*, éditions Nous, Caen, 2016.

structure des textes et la versification y jouent ainsi un rôle important. Mais c'est surtout l'utilisation d'un très grand nombre de figures de style qui permet de tisser des représentations spécifiques, visant différents effets chez l'auditeur. Elles ont ainsi plusieurs vocations :

- jouer sur les sonorités (allitérations, assonances ou figures créant un kakemphaton) et noyer volontairement le thème abordé dans la geste poétique : c'est par exemple le cas de « L'Âme-stram-gram », qui parle ouvertement de sexualité, ou encore de « Dégénération » ;
- jouer sur les images, c'est-à-dire les représentations, à l'aide de métaphores, de symboles, de personnifications, d'allégories et de périphrases, donnant ainsi une épaisseur bien plus importante à un sujet ;
- créer la surprise et insister sur la violence du thème abordé, notamment grâce à l'hypallage.

L'exploration poétique, chez Mylène Farmer, est toujours en mouvement : l'album *Désobéissance* a ainsi prouvé que l'artiste était en mesure de se réinventer avec l'emploi d'un procédé multilingue, qui mélange allègrement français et anglais, dans la pure tradition du chiac ou de la poésie macaronique :

« So do we ? / Stigmates sous la peau / Bouge »[1] ou « Et la vie goes / On and on »[2]. Ce procédé permet de jouer sur les figures de style (assonance, allitération, métonymie, paronomase...) et de créer un effet de rupture à l'écoute, qui dynamise la phrase.

Avec l'utilisation de ces procédés, l'artiste crée des représentations mentales qui reposent sur la syntaxe et la sémantique, et s'appuient en partie sur l'image, celle des clips, qui permet d'en renforcer la signification. Dans « Beyond My Control », par exemple, la violence des images et du récit mis en scène insiste sur le meurtre passionnel. À l'inverse, Mylène Farmer s'amuse également à détourner le sens originel d'une chanson pour en livrer un nouveau dans ses vidéos. C'est le cas par exemple de « Je te rends ton amour » : le texte évoque l'amour du personnage d'une toile pour son peintre alors que le clip met en scène l'amour rendu à Dieu, en échange de celui pour le Diable.

---

1. Mylène Farmer, « On a besoin d'y croire », compo. Mylène Farmer, Feder, Anastassia Zimmerman, Stuffed Monkey/Sony Music, sur *Désobéissance*, 2018.

2. Mylène Farmer, « Get Up Girl », compo. Mylène Farmer, Feder, Q. Segaud, T. Jean, Stuffed Monkey/Sony Music, sur *Désobéissance*, 2018.

Procédés littéraires et figures de style

Dans ses textes, Mylène Farmer emploie un grand nombre de procédés stylistiques. L'objet ici n'est pas de les mentionner tous, mais d'en relever certains qui jouent un rôle important dans sa démarche poétique.

EFFETS DE SONORITÉ

› **L'allitération** consiste en la répétition de consonnes pour créer un effet spécifique, par exemple dans « Dégénération » : « Coma t'es sexe, t'es styx, / Test statique / Coma t'es sexe, t'es styx, / Extatique / Coma t'es sexe, t'es styx, / Test, test statique / Coma t'es sexe, t'es styx, / Esthétique »[1].

› **L'assonance** est comparable mais vise la répétition de sons vocaliques, comme dans « QI » avec des assonances en i et en u : « Même si j'en ai vu des culs / C'est son Q.I qui m'a plu / Je vis le choc de cul...ture / La belle aventure »[2].

› **La paronomase** consiste à rapprocher deux homonymes ou paronymes, c'est-à-dire deux mots qui se ressemblent mais n'ont pas le même sens, comme dans « Dégénération » : « t'es sexe, t'es styx, / Test statique »[3].

› **Le kakemphaton** est un jeu de mots qui permet l'évocation d'autres termes par la structure de la phrase, par exemple : « Qu'aussitôt tes câlins cessent toute

1. Mylène Farmer, « Dégénération », compo. Laurent Boutonnat, Mylène Farmer, Polydor/Universal Music, sur *Point de suture*, 2008.

2. Mylène Farmer, « Q.I », Laurent Boutonnat, Mylène Farmer, Polydor/Universal Music, sur *Avant que l'ombre...*, 2005.

3. Mylène Farmer, « Dégénération », *op. cit.*

ecchymose »[1], dans « Optimistique-moi », renvoie à l'inceste.

EFFETS DE RESSEMBLANCE

› **La métaphore** permet de substituer un mot par un autre, plus abstrait : les « dunes » que Mylène évoque dans « Libertine », par exemple, renvoient directement à ses seins ou ses fesses.

› **La personnification** est une figure de style anthropomorphe, c'est-à-dire qu'elle permet de donner des caractères humains à quelque chose qui ne l'est pas (un animal, un objet, une idée...) : « Et si vieillir m'était conté », par exemple, personnifie la nuit, elle-même métaphore du temps qui passe.

› **L'allégorie** est une narration concrète visant à exprimer une idée abstraite : l'araignée d'« Alice », enfermée dans sa boîte, renvoie à la déprime de l'artiste.

› **Le symbole** est l'opposé de la métaphore : il consiste à représenter une idée abstraite par une représentation concrète. C'est par exemple le cas de l'« ombre », dans « Avant que l'ombre », qui renvoie à la mort.

EFFETS DE SUBSTITUTION

› **La périphrase** emploie plusieurs mots pour en exprimer un : « Je suis chevalier d'Éon », dans « Sans contrefaçon », peut être lu comme « Je suis transgenre ».

› **Le néologisme** est la création d'un mot, par exemple en détournant un terme qui existe déjà. Ce procédé est souvent

1. Mylène Famer, « Optimistique-moi », compo. Mylène Farmer, Polydor/Universal Music, sur *Innamoramento*, 2000.

utilisé par l'artiste : « Anamorphosée », « Eaunanisme », « Optimistique-moi »...

EFFETS D'OPPOSITION

› **L'hypallage** est une figure de style qui vise, dans une phrase, à attribuer à un mot ce qui convient à un autre : « la couteau dans mon plaie » dans la première version de « Dernier sourire »[1].

› **La métonymie** permet la substitution d'un mot par un autre qui lui est associé : le titre « Je te rends ton amour » repose sur ce fonctionnement pour suggérer la toile de peinture.

› **Le chiac**, essentiellement parlé au Canada, est selon l'Encyclopédie canadienne « un type spécifique d'alternance discursive entre le français et l'anglais chez des bilingues profonds, locuteurs natifs du français acadien comme langue maternelle et de l'anglais canadien comme langue première ou seconde. »[2]

› **La poésie macaronique** existe depuis le Moyen Âge au moins. Elle suppose l'invention d'une langue par son auteur, construite sur sa langue maternelle à laquelle s'ajoute la structure d'une autre langue, généralement le latin. Ce procédé a surtout été employé pour créer des effets humoristiques.

---

1. Mylène Farmer, « Dernier sourire », compo. Laurent Boutonnat, Mylène Farmer, Polydor/Universal Music, sur la face B du 45 tours *Sans logique*, 1989. Mylène Farmer supprimera l'hypallage quand elle réenregistrera la chanson en 1992 pour l'album *Urgence : 27 artistes pour la recherche contre le sida.*

2. Paul Laurendeau, « Le chiac », sur www.thecanadianencyclopedia.ca (consulté en juin 2022).

Mylène baudelairienne

L'intertextuel, c'est-à-dire les liens textuels internes aux chansons, vient encore renforcer cette position, et les références littéraires sont nombreuses, ouvertement assumées ou disséminées dans les paroles, qui jouent nécessairement un rôle d'inspiration pour l'artiste[1]. Les œuvres de Baudelaire, d'Arthur Rimbaud, d'Emily Dickinson et de Pierre Reverdy, tout particulièrement, émaillent la discographie de la chanteuse.

Le rapport au spleen (ou à la mélancolie) baudelairien marque l'ensemble de la carrière de la chanteuse et tout particulièrement ses débuts où s'exprime une observation de la mort, de sa propre douleur face au monde. De fait, les poèmes des *Fleurs du Mal* qu'elle emprunte au poète, « L'Horloge » et « Au lecteur », auxquels s'ajoute la lecture du poème « Élévation » pour le documentaire *Baudelaire : moderne & antimoderne*[2] appuient cette démarche. Les références

1. On se reportera utilement à Benoît Cachin, *Mylène Farmer au fil des mots*, Gründ, Paris, 2016, et à www.mylene.net, devenu site de référence en l'absence d'un site officiel, qui rassemblent l'intégralité des références analysées par les amateurs de la chanteuse.

2. Épisode de l'émission *Le doc Stupéfiant* présenté par Léa Salamé, France 5, 25 juin 2021.

sont multiples au long des chansons, comme dans « Des larmes » : « Mylène surmonte son angoisse de l'abandon par un isolement proclamé, bizarrement substitué au contact de la foule. Les affirmations contradictoires, dans cette chanson, qui comporte une référence explicite à Baudelaire, doivent quelque chose au poème en prose de Baudelaire *Les Foules* [...]. »[1]

Et cette épaisseur baudelairienne s'exprime jusque dans le rapport à l'instrumentation : « Sans vouloir concurrencer le génie de ses maîtres [Baudelaire et Rimbaud], Mylène, au fil de mots apparemment décousus, questionne pourtant les ambiguïtés de leur vision. [...] Si les vers de Mylène sont porteurs d'un sens qui apparaît lors d'une lecture attentive, leur valeur artistique et par conséquent leur impact émotionnel sont étroitement liés, dans un rapport de dépendance à double sens, au travail des musiciens qui sont les complices artistiques de Mylène. »[2]

Au fil des années, on perçoit dans les textes de la chanteuse une économie des mots, une séquentialité plus fragmentaire et plus brute, qui tend vers l'évocation seule d'un terme, d'un geste, d'une émotion

---

1. Michel Arouimi, *Mylène Farmer, pour comprendre Baudelaire, Rimbaud, Poe, Jünger et Melville*, éditions Camion Blanc, Rosières-en-Haye, 2019.
2. *Ibid.*

qui nous renvoie aux fameux quatrains, souvent élégiaques, de Dickinson, ou à l'œuvre cubiste et surréaliste de Reverdy.

Et c'est sans compter les multiples penseurs et écrivains qui s'esquissent au long des chansons – Edgar Allan Poe, Antoine de Saint-Exupéry, Etty Hillesum, Primo Levi, Virginia Woolf, Emil Cioran… – ou d'artistes visuels (peinture, sculpture, cinéma, photo…) qui participent là encore au développement de cet univers. Citons Rodin, Egon Schiele, Goya, Robert Doisneau, Ken Russell, David Lynch, parmi d'autres.

Le merveilleux horrifique

L'atmosphère créée instille le merveilleux, à la manière du conte philosophique, comme point d'ancrage fondamental à partir duquel Mylène Farmer peut appuyer une observation du monde, ou une réflexion qui embrasse de plein fouet certains thèmes philosophiques. Edgar Allan Poe, même s'il n'est cité que deux fois dans l'œuvre de la chanteuse (dans « Allan » et *Lisa-Loup et le conteur*), s'esquisse ainsi depuis les années 1980. Il est présent dans tout l'album *Ainsi soit je…*, mais aussi par exemple dans les évocations fantomatiques de « Redonne-moi » et dans l'ambiance sombre et métallique de « Nobody Knows ». On le retrouve dans la présence continue des corbeaux, sur la pochette de *L'autre...* et dans les clips, ainsi que dans le titre annoncé de la tournée 2023, « Nevermore », qui renvoient directement au poème « Le corbeau », justement traduit par Charles Baudelaire.

L'imaginaire de Saint-Exupéry et celui du *Petit Prince*, lui aussi, a une présence continue, particulièrement dès le début des années 2000. La référence est certes marquée de manière évidente dans « Dessine-moi un mouton », mais ce n'est pas la seule. Tout l'univers de Lonely Lisa, double enfantin de la chanteuse comme le petit prince l'est de Saint-Exupéry lui-même, s'inspire du conte. *Lisa-Loup et le conteur*, mais aussi les chansons et clips, comprenant celui de « C'est une belle journée », rejouent une quête initiatique qui mènera la jeune héroïne à se confronter à des questions existentielles et à interroger le sens du monde, tout comme l'entreprend le pilote du *Petit Prince*. *Lisa-Loup* est certainement l'hommage le plus manifeste de Mylène Farmer à l'écrivain.

Le merveilleux forme ainsi un socle solide, renforcé par l'imaginaire du conte (une relecture de *Blanche-Neige* dans le clip de « Tristana », les fameux princes de « Pardonne-moi »), de la comptine (à l'image des titres « Chloé » / « Nuit d'hiver »), des mots ou évocations empruntés au monde de l'enfance (« L'Âme-stram-gram »). Et sur ce merveilleux vient s'implanter le monstrueux, qui s'exprime bien souvent à travers les horreurs humaines. Le clip de « Sans contrefaçon », réalisé par Laurent Boutonnat, est marquant sur ce point : la magie est à l'œuvre, celle capable de transformer un simple pantin de bois en être humain à la manière de Pinocchio, et les jeux d'enfants s'expriment jusque dans l'échange de tapements de mains façon « trois petits chats » entre la poupée-Mylène et la femme de cirque magicienne campée par Zouc. Le monstrueux pourtant apparaît en filigrane, tout au long de la vidéo, dans la violence des hommes – les travestis du début de l'histoire et la troupe de cirque que le marionnettiste rencontre. La vidéo glisse de *Pinocchio* au *Petit cirque* de Fred, à l'atmosphère noire, dirigeant l'intrigue vers l'opposé d'un *happy end* : la femme-poupée, dont le héros esseulé est tombé amoureux, redeviendra poupée, et rien ne peut changer cela.

Ce procédé d'inversion du thème est comparable au principe du conte philosophique, dont *Le Petit Prince* a justement pu servir de modèle. Derrière la magie de l'instant – le merveilleux permis par ce petit personnage venu de sa planète grâce à une migration d'oiseaux sauvages – se dissimulent les atrocités des hommes, les vices mis en scène à travers ces personnages isolés sur leur astéroïde respectif, celles également commises durant la Seconde Guerre mondiale, exprimées par la dédicace à Léon Werth, l'ami juif de Saint-Exupéry[1]. Dans l'œuvre de Mylène Farmer, le merveilleux se décline au gré des chansons, des atmosphères des albums, des expériences de l'artiste, mais il est chaque fois contrebalancé par le monstrueux. Pensons au clip de « Comme j'ai mal » où le conte s'oppose brutalement à la violence familiale, à celui de « L'Âme-stram-gram », inspiré d'une légende chinoise et qui mènera indéniablement à la mort, ou encore à « Optimistique-moi » qui, certes, finit bien mais met néanmoins en exergue une violence humaine qui s'exprime dans les enceintes du cirque. Même chose dans *The Farmer Project* où le merveilleux est porté par un personnage innocent, voire ingénu, mais entaché par la brutalité des hommes.

1. Saint-Exupéry écrit dans *Lettre à un otage* (Brentamo's, Paris, 1943), livre auquel fait écho *Le Petit Prince* : « Comment survivrait-il à la terreur allemande ? Pour imaginer qu'il respire encore j'ai besoin de le croire ignoré de l'envahisseur, abrité en secret par le beau rempart du silence des paysans de son village. »

Le regard noir de l'artiste tient ici plutôt de l'esthétique que de la pensée philosophique même. Pour autant, ses observations, dénudées des procédés stylistiques mis à l'œuvre – que ce soit dans le texte ou l'image –, s'attachent à :

- une certaine réalité de l'état du monde, sclérosé et emporté par l'actualité, et qui questionne de fait notre propension à l'absurde, dans la plus pure expression existentielle sartrienne et camusienne ;
- dérouler les travers de l'humanité, exprimés par exemple dans « C'est dans l'air » et le poème de Baudelaire « Au lecteur », qui nous interrogent individuellement quant à nos comportements dans la société, en lien avec autrui, et invitent à d'autres manières de s'élever spirituellement, c'est-à-dire d'atteindre une forme de sagesse. Le bouddhisme, explique Mylène Farmer dans ses chansons, en est une voie, mais ce n'est pas la seule.

EN COULISSES

LA MAGIE DES CLIPS

Libertine et *Libertine II* ont été deux vidéos particulièrement marquantes pour le public des années 1980 et les amateurs de la chanteuse jusqu'à aujourd'hui. Ces clips, réalisés comme des courts métrages, ont participé pour beaucoup au succès de l'artiste. Et l'ensemble de sa filmographie musicale est aujourd'hui considérée comme une référence de l'histoire des vidéoclips.

Michael Jackson est considéré comme le premier artiste à avoir développé le principe du clip / court-métrage avec *Thriller* en 1983. Mais Mylène Farmer est la première chanteuse française à adapter ce procédé : pour le public de l'époque, c'est presque du jamais vu.

Grâce à son travail avec Laurent Boutonnat, elle a l'opportunité de développer un univers très riche marqué par des thèmes récurrents : la mort, l'amour (passionnel et destructeur), l'horreur de la violence humaine, le sexe. Et c'est dès la période *Anamorphosée* qu'elle collaborera avec d'autres réalisateurs, étendant de fait son univers.

Sa carrière est ainsi marquée par des clips audacieux, souvent largement médiatisés, parmi lesquels :

- *Beyond My Control* en 1992 avec son atmosphère noire et sensuelle, qui fit scandale dans les médias et fut censuré par M6 ;
- *L'Âme-stram-gram* en 1999, réalisé par Ching Siu Tung, le plus cher de sa carrière (900 000 euros) où la chanteuse déplace son univers dans une Chine fantasmatique ;
- *Je te rends ton amour* la même année, réalisé par François Hanss : le clip le plus polémique de sa carrière, censuré par M6 pour son discours antireligieux et ses scènes de nu ;
- *The Farmer Project*, en 2009, court métrage futuriste réunissant les clips de « Dégénération » et « Si j'avais au moins... », réalisé par Bruno Aveillan ;
- *City of Love (Martin's Remix) feat. Shaggy* en 2016 : un clip sous la forme d'un jeu vidéo où la créature Mylène et le personnage Shaggy collectent des fleurs dans la ville pour diffuser l'amour et détruire le désespoir.

2. LE MONDE RÉVOLU

Disons-le d'emblée : Mylène Farmer ne fait pas de philosophie politique dans son œuvre. Il n'y est pas question de l'existence de l'État, moins encore du contrat social, pas de manière directe en tout cas. Trois titres pourtant expriment ouvertement la révolte face au monde, comme une sorte de manifeste, mais sans en livrer directement les clés. « Désenchantée » a fait couler beaucoup d'encre dans cette direction, bien que la chanteuse se soit défaite de toute volonté politique, en insistant sur l'aspect existentiel de son texte[1] – probablement inspiré de ses lectures de l'œuvre de Cioran, et notamment *Sur les cimes du désespoir*. On y

1. Le single, sorti en 1991, a été lu comme le désenchantement politique de la « Génération Mitterrand », le président de la République ayant été réélu en 1988. Dans plusieurs interviews, Mylène Farmer a alors insisté sur l'absence d'implication politique de sa part dans ce single.

lit malgré tout l'idée d'épouser une forme de rébellion face à l'injustice, de ne pas se laisser écraser par elle.

Même chose pour « Dégénération » : Mylène Farmer expliquera avoir « le sentiment que la nouvelle génération d'aujourd'hui est dans un monde d'une ultraviolence et que c'est un monde très, très difficile. »[1] Les termes *coma* et *trauma* expriment ainsi l'idée d'une génération choquée et paralysée, pour laquelle la solution n'est autre que la révolte. Enfin, dans « Réveiller le monde », la référence à l'Évangile selon Marc replace d'office la chanson dans une dimension collective : « Il lui demanda : Quel est ton nom ? Légion est mon nom, lui répondit-il, car nous sommes plusieurs. »[2] L'artiste invite à la rébellion pour ne pas être dans un rapport de soumission face à un avenir qui s'annonce morose, et pour construire quelque chose de nouveau, « un autre "été" »[3].

1. Mylène Farmer, interrogée par Claire Chazal pour le JT de 20 heures sur TF1, 31 août 2008.

2. La Bible, Évangile selon Marc, 5.9, sur www.info-bible.org (consulté en mai 2022).

3. Mylène Farmer, « Réveiller le monde », compo. Laurent Boutonnat, Mylène Farmer, Polydor/Universal Music, sur *Point de suture*, 2008.

Le regard noir de Cioran

Dans *Sur les cimes du désespoir*, Emil Cioran établit un constat noir ou cynique sur le monde et sur la pensée humaine : « Penser à tout moment, se poser des problèmes capitaux à tout bout de champ et éprouver un doute permanent quant à son destin ; être fatigué de vivre, épuisé par ses pensées et par sa propre existence au-delà de toute limite ; laisser derrière soi une traînée de sang et de fumée comme symbole du drame et de la mort de son être – c'est être malheureux au point que le problème de la pensée vous donne envie de vomir et que la réflexion vous apparaît comme une damnation. »[1]

Une philosophie de l'action

Le refus d'immobilisme de Mylène Farmer épouse de plein fouet la philosophie de l'action : « Il y a de la pensée dans chaque action, et tout décline un agir humain, ou plutôt une manière de faire. »[2] Cette branche de la philosophie, dont l'origine est attribuée

1. Emil Cioran, *Sur les cimes du désespoir*, trad. Christiane Frémont, André Vornic, Le Livre de Poche, Paris, 1991 (1933 pour l'édition originale).

2. Christian Ruby, « Le sens de l'action dans la philosophie de Jacques Rancière », dans *Le Philosophoire. L'Action*, n° 29, 2007/2.

à Aristote mais qui fut développée par Ludwig Wittgenstein, se propose d'étudier les liens entre intentionnalité, ressentie dans l'action, et sens de l'action[1]. Or, dans l'univers de la chanteuse, toujours sur le modèle de Saint-Exupéry, cette philosophie de l'action est tournée vers le collectif : si la génération est en effet désenchantée, l'un des moyens de s'extraire de ce marasme doit passer par un combat en commun. De ce point de vue, les trois chansons de l'artiste rejoignent une forme de lutte sociale, avec un message politisé, même s'il repose sur métaphores et périphrases : c'est l'un des points d'ancrage entre philosophie (penser le monde) et poésie (dénoncer le monde) – il faut penser sa condition individuelle et collective, faire l'expérience du sensible et caractériser ce mal, avant de se révolter pour évoluer positivement.

On touche ainsi à la nuance entre la philosophie et la didactique, cette dernière visant à développer des moyens pour instruire. Et l'artiste se positionne justement à cheval entre ces deux notions. La dimension sociale est pourtant particulièrement marquée dans un grand nombre de ses chansons, avec l'intention

---

1. Bruno Gnassounou, *Philosophie de l'action* (textes clés), Vrin, Paris, 2007 ; Constantine Sandis, *Raisons et responsabilité. Essai de philosophie de l'action*, Ithaque, Paris, 2021.

de retirer le voile des illusions humaines sur cette « ère du toc »[1], à travers une certaine observation des phénomènes. Elle rejoint ainsi la démarche de la phénoménologie, discipline fondée par Edmund Husserl qui entend instituer la philosophie comme une science à part entière en partant de l'analyse des faits. Elle constitue, selon le philosophe Maurice Merleau-Ponty, « une philosophie transcendantale qui met en suspens pour les comprendre les affirmations de l'attitude naturelle, mais c'est aussi une philosophie pour laquelle le monde est toujours "déjà là" avant la réflexion, comme une présence inaliénable, et dont tout l'effort est de retrouver ce contact naïf avec le monde pour lui donner enfin un statut philosophique. »[2] La création artistique permet l'accès à cette réflexion en proposant une vérité (celle de l'artiste) et un appel (celui à l'auditeur, à l'observateur, au regardeur) à travers la mise en scène ou la démonstration du monde dans lequel nous évoluons, par opposition (ou en complément) au monde personnel que l'artiste dessine : « Le peintre est le serviteur de

1. Mylène Farmer, « Oui mais... non », compo. Mylène Farmer, RedOne, Polydor/Universal Music, sur *Bleu noir*, 2010.

2. Maurice Merleau-Ponty, *Phénoménologie de la perception*, Gallimard, Paris, 1976.

ce qui est en face de lui »[1], selon Merleau-Ponty. Le rapport au sensible, alors, s'exprime dans la démarche existentielle de Mylène Farmer, qui s'« effondre » même si, comme elle le chante, « Jusqu'ici tout va bien »[2].

Les phénomènes dont elle se fait l'observatrice s'attachent à différents domaines de notre quotidien. C'est d'abord l'impression générale d'un monde englué à l'aube des années 2000 (« L'Instant X »), qui se révèle « hostile » et invite à *changer d'époque*[3]. L'idée d'éclatement de la société ou de la planète se poursuit sur l'album *Monkey Me*, dans « Tu ne le dis pas » : « Voir le monde se défaire / Mais / Tu ne le dis pas ! / Quoi / Qu'il n'y a plus rien à faire / Quand tout vole en éclats »[4], et le refrain de scander cette plainte horrifiée : « Mais où va le monde ? / Mais où est ma tombe ? / Mais que devient le monde ? / Un tout qui s'effondre »[5].

---

1. *Ibid.*

2. Mylène Farmer, « M'effondre », compo. Mylène Farmer et Moby, Polydor/Universal Music, sur *Bleu noir*, 2010.

3. Mylène Farmer, « Oui mais... non », *op. cit.*

4. Mylène Farmer, « Tu ne le dis pas », compo. Laurent Boutonnat, Mylène Farmer, Polydor/Universal Music, sur *Monkey Me*, 2012.

5. *Ibid.*

EN COULISSES

MYLÈNE ET LA NIQUE AUX MÉDIAS

Le rapport de Mylène Farmer aux médias n'a pas été de tout repos. La chanteuse était très présente pour la promotion de ses albums dans les années 1980, quitte à choquer sciemment les journalistes ou l'opinion publique[1]. 1991 marque néanmoins un détachement certain avec l'organe médiatique : le titre « Je t'aime mélancolie » dénonce avec ironie les critiques à l'égard de son répertoire et de son univers, l'accusant de ne parler que de sexe et de mort.

Le clip met ce texte en image : Mylène Farmer s'y bat à la boxe contre un adversaire déloyal, qui mettra l'arbitre K.O (symbole du public). Elle frappera alors mains nues et enverra le tireur à terre. Le message est clair : c'est un direct envoyé aux médias et à ses propres détracteurs.

Cette année 1991 marque alors l'effacement de Mylène Farmer sur la scène médiatique, suite à l'assassinat du réceptionniste de Polydor par un fan. Depuis, les apparitions de la chanteuse se font rares, une discrétion qui participe de plein fouet au « mythe Mylène ».

---

1. À titre d'exemple, en 1986, invitée pour l'émission *C'est encore mieux l'après-midi*, Mylène Farmer a ouvertement dragué Christophe Dechavanne, très mal à l'aise face caméra.

Provoquer pour faire bouger les lignes

En reprenant la discographie, il est possible de dérouler différents éléments ayant pu conduire à cet état désastreux du monde :

- la destruction progressive de la nature par l'action des hommes, du fait notamment des expérimentations animales (*The Farmer Project*) et de la problématique nucléaire qui mène à l'effondrement annoncé de la planète (« C'est dans l'air ») ;
- les illusions sociales, marquées par des comportements humains jugés délétères : le rapport aliéné de l'homme à la sexualité, entre la violence dans la domination (« Fuck them all ») et l'attrait de la concupiscence reposant sur la crudité du corps (« Libertine », « Pourvu qu'elles soient douces », « Porno graphique »), mais aussi les guerres des hommes (« Ici-bas »), avec comme exemples le conflit israélo-palestinien qui signe un combat perdu d'avance (« We'll never die ») et la mémoire de la Shoah (« Souviens-toi du jour... ») ;
- l'actualité moribonde, comme la vague de transmissions du Sida entre la fin des années 1980 et le début des années 1990 et l'institutionnalisation du préservatif conduisant à une normalisation de

l'acte sexuel (« Que mon cœur lâche »), comme une réponse à la chanson « Sid'Amour à mort » de Barbara.

Ces observations s'expriment par différents biais : l'humour, particulièrement cinglant dans « Je t'aime mélancolie » ou « On est tous des imbéciles », mais surtout la provocation, à laquelle la censure a répondu de multiples fois – preuve, s'il en faut, que l'artiste touche à des thèmes qui traversent la société, tout en l'animant et l'effrayant. La brutalité des images, et dans les clips en particulier, interroge de plein fouet ces sujets en provoquant une émotion vive. Montrer le nu et suggérer clairement l'acte sexuel, des points sur lesquels a insisté le cycle Libertine[1], permettent à celui qui les observe de questionner ses propres représentations, peu ou prou normées, et leurs implications dans la sphère sociale. Le tabou, par exemple, ne dissimule-t-il pas une peur de l'acte sexuel ou de ce qu'il peut suggérer (le rapport à soi, l'idée de procréation, les limites que chaque individu s'impose par un jeu de bien-pensance ou de bienséance…) ? L'imaginaire blasphématoire a le même rôle : détourner l'iconique

1. L'expression « cycle Libertine », employé par Mylène Farmer elle-même, intègre les titres de la première décennie qui traitent ouvertement de la sexualité : « Libertine », « Pourvu qu'elles soient douces » (donc le clip a pour sous-titre *Libertine II*), « Pas de doute »…

et parodier la parabole amènent à interroger la place de l'Église ou de n'importe quelle religion dans notre société, leurs interdits – qui peuvent être inquisitoires – mais aussi l'aspect strictement spirituel (l'élévation morale individuelle) qui peut naître de la foi.

Le sujet est vaste et fascinant, et Mylène Farmer nous entraîne dans ce voyage sans jamais donner de réponses claires. Au-delà des procédés qu'elle emploie pour imposer ces questionnements au sein de l'opinion publique, ce sont autant d'interrogations philosophiques qu'elle déploie tout au long de son œuvre. Reste à comprendre ce qu'elles sont concrètement, et dans quelle mesure elles se révèlent à l'auditeur.

EN COULISSES

« ON EST TOUS DES IMBÉCILES » : LE SINGLE AVORTÉ

Quelques mois après le succès de « Maman a tort », Mylène Farmer tente une nouvelle chanson, qui sera un véritable flop. Les fans de l'artiste connaissent l'histoire sur le bout des doigts. Mais ce single, absent de tout support, album studio, live ou compilation, reste un mystère pour nombre d'amateurs.

« On est tous des imbéciles », sorti tout début 1985, se veut une dénonciation amère et violente du monde du show-business. Moqueur et cynique, le titre révèle sa capacité à poser un regard critique sur son environnement, de la même manière qu'elle le fera plus tard dans « Je t'aime mélancolie » et « Porno graphique » : « On est tous des imbéciles / On est bien très bien débile / C'qui nous sauve c'est le style / Équivoques et aussi paradoxes / Et ça suffit »[1]

L'échec de ce single va permettre à Mylène Farmer de faire des choix très concrets quant à l'évolution de sa carrière : Jérôme Dahan quitte l'équipe, laissant Laurent Boutonnat et Mylène Farmer dans une collaboration en duo, à la

---

1. Mylène Farmer, « On est tous des imbéciles », compo. Jérôme Dahan, RCA, sur la face A du 45 tours *On est tous des imbéciles*, 1985.

source du développement de l'univers Farmer que l'on connaît aujourd'hui. C'est également la fin du contrat avec le label RCA, chez qui « Maman a tort » était paru : Mylène Farmer signe son premier album *Cendres de lune* chez Polydor (Universal Music), le début d'une aventure qui durera un peu plus de trente ans.

« On est tous des imbéciles » peut aujourd'hui être écouté sur différentes plateformes de streaming musical, même si le titre n'est pas le meilleur de sa carrière. Mais la chanson en face B du 45 tours, « L'annonciation », annonce déjà l'univers noir et le regard acerbe du duo sur la question de la religion : une pépite musicale elle aussi introuvable sur les supports officiels.

Mylène

Mylène

Existence et identité à la source du Vertige

Quand en 1989 le public découvre pour la première fois Mylène Farmer sur scène, c'est un choc. Outre l'impressionnant dispositif emporté en tournée entre la France, la Suisse et la Belgique, c'est toute l'atmosphère du concert qui surprend : l'artiste évolue à l'intérieur d'un cimetière gardé par un moine anonyme, encapuchonné. Le ton est donné d'entrée de jeu : on évoquera la mort, et le titre d'ouverture ne fait que confirmer le thème. « L'Horloge », poème de Baudelaire issu de la section « Spleen et idéal » des *Fleurs du mal*, personnifie le temps qui passe inexorablement et nous dirige fatalement vers la fin de la vie.

Le sujet de la mort est omniprésent dans l'œuvre de la chanteuse. Il marque l'aboutissement du passage à l'âge adulte (« Plus grandir »), l'écho de la finitude de nos vies absurdes (« C'est une belle journée »), le souvenir de l'autre (« Regrets ») ou le fragile témoignage de notre propre existence passée (« Redonne-moi »). Et derrière ce thème les pulsations du spleen battent en cadence, cette *Melancholia* qui naît de la compréhension du futile de notre nature, qui accompagne les crises existentielles de chacun d'entre nous et questionne l'identité individuelle : que sommes-nous, quel est le but de ma vie, si ce n'est tout simplement de mourir ?

Mylène Farmer évoque Camus en filigrane, Sartre, Saint-Exupéry et d'autres intellectuels qui ont questionné le sens de l'existence. « À quoi je sers », inédit justement dévoilé durant la tournée 1989, porte toute la symbolique du thème. Ce faisant, l'artiste fait une plongée en apnée dans l'existentialisme, tout en interrogeant ce qu'elle est en tant qu'être pensant. Ce sont les premiers thèmes philosophiques qu'elle aborde frontalement : pourquoi grandir, en effet, si grandir signifie avancer vers la mort ?

1. SOI ET L'AUTRE : MYLÈNE AUX MULTIPLES VISAGES

Au fil des clips, des concerts, des chansons, des apparitions médiatiques, Mylène Farmer n'a eu de cesse de tisser un univers particulièrement riche qui représente les multiples facettes de sa personnalité, de sa pensée, de ses réflexions. Et ce monde fantasmatique a bien évolué, depuis la jeune et étrange interprète de « Maman a tort » jusqu'à l'artiste aguerrie de « L'âme dans l'eau » et d'« À tout jamais ».

Son personnage laisse entrevoir les multiples nuances qu'exprime la notion d'identité, et qui sont à la source de la conscience que chacun de nous a de son existence propre. C'est une notion philosophique complexe, dont les définitions ne peuvent s'établir qu'en rapport avec autrui. Or, de nombreuses chansons et clips de Mylène Farmer déploient justement cette problématique, interrogeant la question du double symbolique, comme dans les vidéos de « California » ou « L'Âme-stram-gram », ou observant le mouvement d'un Autre, cet « étrange messager »[1], qui n'est jamais qu'une représentation de soi-même. Elle le dira elle-même : « Ça peut être l'autre moi. Ça peut être cette chose qui n'a pas d'enveloppe physique et qui est au-dessus de vous et qui va vous aider, vous diriger parfois, vous contrarier aussi. Ça peut être l'autre, une autre personne. »[2] Cette chanson dessine un *autre* symbolique, qui peut s'incarner dans une entité physique (un autre que soi) mais aussi dans une représentation qui n'appartient qu'à soi et en laquelle il est possible de se projeter : « En toi ma vie s'est réfugiée »[3].

L'Autre est un double

La philosophie a depuis l'Antiquité adopté la thèse selon laquelle la compréhension de l'autre passe en premier lieu par la connaissance de soi, et

1. Mylène Farmer, « L'autre... », compo. Laurent Boutonnat, Mylène Farmer, Polydor/Universal Music, sur *L'autre...*, 1991.

2. Mylène Farmer, interrogée par Sébastien Flyte pour le magazine *Salut !*, 10 avril 1991.

3. Mylène Farmer, « L'autre... », *op. cit.*

inversement : nous ne pouvons avoir conscience de nous-même que dans le rapport à l'autre car autrui participe passivement à la construction identitaire. Le sujet était déjà abordé par Aristote : « il n'est rien de plus difficile, ainsi que l'ont dit quelques sages, ni en même temps de plus doux, que de se connaître soi-même ; car quel charme que de se connaître ! Mais nous ne pouvons point nous voir nous-mêmes, en partant de nous ; et ce qui prouve bien notre complète impuissance, c'est que nous reprochons souvent aux autres ce que nous faisons personnellement. [...] De même que quand nous voulons voir notre propre visage, nous le voyons en nous regardant dans un miroir, tout de même aussi, quand nous voulons nous connaître sincèrement, il faut regarder à notre ami, où nous pourrons nous voir parfaitement ; car mon ami, je le répète, est un autre moi-même. »[1] On retrouve dans cette analyse la conception farmerienne d'un *autre*, nécessairement *ami*, qui participe à la complétude de soi-même. Aristote relie autrui à la *philia*, notion grecque proche de l'amitié, ou de la camaraderie, car c'est sur la base d'un lien authentique entre deux êtres, sans intérêts, que peut se forger la

---

1. Aristote, *La Grande Morale*, trad. Jules Barthélémy-Saint-Hilaire, A. Durant, Paris, 1856.

connaissance de soi. C'est, chez Mylène Farmer, l'expression inconditionnelle de toute forme d'amour, qui permet une sorte de fusion symbolique : « Tu sais que ta vie / C'est la mienne aussi »[1].

Mais, au fond, qu'est-ce que l'identité ? Selon le psychiatre Paul Denis, cette notion « implique le constat d'une permanence dans le temps d'éléments caractéristiques de la personnalité, perceptible pour le sujet lui-même et pour autrui. [...] Nous sommes donc amenés à considérer l'identité dans ses deux versants, intime – être soi-même à ses propres yeux, se reconnaître dans ce que l'on constate de soi-même – et social : l'identité que l'on présente à autrui. »[2]

La figure de Mylène Farmer, telle qu'elle est présentée au public, est fascinante car elle joue justement sur les nuances entre l'intime, caractérisé par sa discrétion en interview, son souhait d'éviter toute forme de médiatisation, et l'incarnation artistique, notamment sur scène, qui se mêle curieusement à ce que Paul Denis nomme le *versant social*. De fait, sa présence magnifiée, notamment dans des shows

---

1. Mylène Farmer, « Il n'y a pas d'ailleurs », compo. Laurent Boutonnat, Mylène Farmer, Polydor/Universal Music, sur *L'autre...*, 1991.

2. Paul Simon, « Soi-même pour un autre, identité relative et identité absolue », dans *De l'exaltation*, Presses Universitaires de France, Paris, 2013.

monumentaux où elle est mesure de descendre depuis le plafond de la salle à bord d'un cercueil futuriste, permet de développer l'identité d'un personnage hors du commun et renvoie, dans une certaine mesure, un fantasme individuel qui nous rapproche du divin : oui, la Mylène de la scène est capable de voler, de traverser des rideaux d'eau, de s'évaporer dans les flammes. Le gigantisme des dispositifs insuffle un vent d'irréel.

L'identité multiple

Ces représentations, qui ne peuvent qu'être impressionnantes, même aux yeux de quelqu'un qui n'apprécie pas le répertoire de la chanteuse, entrent dans une contradiction totale avec l'intimité des textes, où l'identité se dévoile, fragile, délicate, en proie aux doutes, instituant un décalage qui participe nécessairement au succès de l'artiste. Que nous dit-elle, dans ses chansons[1] ?

1. Elle vit son identité numérique (je ne suis qu'un puisqu'il n'y a qu'un moi-même) dans l'expérience

1. Sur les définitions de l'identité, lire notamment Stéphane Chauvier, « La question philosophique de l'identité personne », dans Catherine Halpern (dir.), *Identité(s), éditions Sciences humaines*, Auxerre, 2016.

existentielle : la douleur de grandir, la peur de mourir, le rapport à l'absurdité du monde constituent des expériences personnelles, autant de rites de passage individuels.

2. Pourtant, elle est l'autre, et l'autre est elle-même : son identité est donc aussi collective, puisqu'elle appartient soit à un groupe, une communauté spécifique (par exemple une génération qui est désenchantée), soit au genre humain, puisqu'un être humain, malgré ses spécificités, n'est pas différent d'un autre.

Ces définitions reposent sur la notion d'identité spécifique : son personnage, malgré une évolution marquée depuis les années 1980, reste le même – le passé, le cycle Libertine, le spleen et le rapport à la mort sont constitutifs de ce qu'elle incarne aujourd'hui. Mais son identité qualitative, elle, a changé car les thèmes ne sont plus tout à fait les mêmes, ou sont abordés d'une manière différente.

Du reste, son identité personnelle, elle, est insaisissable ; elle n'appartient qu'à elle, puisque Mylène s'incarne tout autant en personne qu'en personnage – le réel n'est, dans son univers, jamais tout à fait saisissable, et c'est cela qui insuffle justement une forme de magie.

EN COULISSES

UN UNIVERS EN CONSTANTE MUTATION

Le succès de Mylène Farmer est lié à sa capacité à se réinventer à chaque album, et particulièrement à partir du milieu des années 1990. Elle parvient à faire évoluer son univers sonore et l'enrichir de manière constante. En dehors de la pop, elle a ainsi touché au rock (album *Anamorphosée*), à l'électro (« Peut-être toi », « Sextonik », « Oui mais... non », etc.), à la dance (*Dance remixes*), au rap (« Je t'aime mélancolie », « Fuck them all », « City of Love » *feat.* Shaggy, « Histoires de fesses »). Autant de changements souvent à contre-courant des tendances musicales.

Ses collaborations diverses lui ont permis de développer cet univers prolixe, que ce soit à travers les duos ou dans la composition : Moby, Seal, Sting, Ben Harper, Line Renaud, Archive, AaRON, RedOne, Feder, LP, Martin Kierszenbaum, Woodkid, Shaggy...

La métamorphose musicale lui permet d'étendre son univers et participe directement à la construction du mythe Farmer : chaque album est ainsi attendu avec son lot de surprises et de nouveautés.

La Désobéissante

Les rapports entre identité qualitative et identité collective peuvent être brutaux : c'est tout simplement la question de la norme qui s'esquisse elle aussi dans l'univers de la chanteuse. Le marginal tient une place de choix dans son œuvre, marquée par la provocation sous différentes formes, un style physique androgyne qui dénote du paysage musical, et des textes engagés. Il n'est pas surprenant que l'artiste soit devenue, dès ses débuts, l'égérie d'une importante communauté homosexuelle, marquée par les résonances plus que symboliques de « Sans contrefaçon » et « Pourvu qu'elles soient douces », qui comptent au rang de ses plus gros tubes. Elle épouse ainsi une certaine culture de la différence qui réaffirme l'authenticité de l'individualité : même si l'autre est en moi et je suis l'autre, mon unicité *personnelle* reste intacte. C'est le sens du titre « Désobéissance » : « J'ai voulu celle / Que je suis / Un brin sauvage »[1]. Et Mylène Farmer d'interroger alors de manière implicite : mais, au fond, qu'est-ce que le normal ? Quel est le sens de la norme ?

---

1. Mylène Farmer, « Désobéissance », compo. Léon Deutschmann, Mylène Farmer, Stuffed Monkey, sur *Désobéissance*, 2018.

L'inversion du sauvage – le monstrueux chez l'homme, par opposition à l'innocence de l'espace naturel – vise justement à caractériser l'aspect parfois terrible de la norme, qui agit par rejet face à la différence : c'est tout le sens de *The Farmer Project* où un être étrange, extra-ordinaire, et donc en dehors de la norme communément admise, est bafoué par les autorités. Et l'instance de la nature, particulièrement dans les clips de la décennie 2010 (« Je te dis tout », « Sentimentale », « Des larmes »...) entend justement insister sur sa beauté ingénue, là où l'homme quant à lui est capable de produire mille horreurs. Le clip de « Monkey Me » est sur ce point particulièrement révélateur : le monstrueux ne repose pas sur la présence du singe qui, au contraire, est enfermé dans la cité des hommes et vit l'apocalypse malgré lui.

Le *normal* s'exprime également en rapport à son inversion, c'est-à-dire à la folie, qui interroge justement le sens de la raison. Et c'est un thème qui berce Mylène Farmer, depuis l'hommage à Frances Farmer jusqu'à celui à Virginia Woolf (« Dans les rues de Londres »), en passant par « Psychiatric » – clin d'œil appuyé au long métrage *Elephant Man* de David Lynch, où un homme affecté de difformité est exhibé comme un animal de foire avant d'être interné pour analyse. Le sample extrait du film « I am a human being / I am not an animal »[1], réplique originale de John Hurt, trouve alors une résonance particulière : si la norme, censée être raisonnée et raisonnable, enferme un homme innocent entre quatre murs, quels que soient ses défauts, qu'est-ce que cela dit de notre société ?

« La folie, explique Julien Gauthier Mongeon, désigne [...] cette expérience-limite qui transgresse le discours de la norme par ce geste qui consiste à s'en déprendre, présentant la folie comme expérience sociale et pouvoir de résistance. [...] L'histoire de la folie retrace non pas l'histoire de la déraison, mais celle des limites d'une raison ayant imposé à la folie sa vérité. C'est ce moment où la raison, faisant de la folie un enjeu de vérité, la rend captive du regard qu'elle lui porte [...]. »[2] On peut replonger dans *Alice au pays des merveilles*, qui met en scène ces thématiques, et se questionner alors : un être sain d'esprit, s'il est jugé par une communauté de fous, est aux antipodes des normes socialement admises au sein de cette communauté – est-il donc fou lui-même, par

---

1. Mylène Farmer, « Psychiatric », compo. Laurent Boutonnat, Mylène Farmer, Polydor/Universal Music, sur *L'autre...*, 1991. La première version, parue en face B du 45 tours « Allan », ne comporte pas la réplique du film.

2. Julien Gauthier Mongeon, « Folie et raison dans l'œuvre de Michel Foucault », dans *Possibles*, vol. 41, n° 2, 2017. Dans cet article, l'auteur entend explorer les résonances des thèmes de la folie et de la raison dans l'œuvre de Michel Foucault.

rapport à la raison commune, ou garde-t-il sa raison propre ? Et qu'est-ce cela dit de la *raison* ?

La norme, dans l'univers Farmer, ne constitue pas une nécessité. Elle n'est qu'un reflet possible, et uniquement possible, de ce que chacun de nous est en mesure de devenir. L'individualité marque la différence avec le groupe, l'unicité, même si notre identité est aussi collective. Et la vie fictive de la petite Lisa illustre parfaitement cette idée : la quête de *Lisa-Loup et le conteur* est intime, unique : Loup incarne cet autre qui fait justement partie du personnage, et le texte cite d'ailleurs directement les paroles du titre « L'autre... » : « je suis là pour Toi ; et toi, c'est moi ! »[1]. Le récit se poursuit dans la chanson qui lui est dédiée, puis dans son clip où la petite fille vit sa solitude au milieu d'autres chanteuses. Elle incarne alors cette différence qui s'exprime symboliquement dans l'expérience individuelle de la vie. Et Mylène Farmer d'insister sur la nécessité, dans la vie de chacun, d'« un peu de déraison », de « grain de folie »[2], comme l'une des solutions à la difficulté d'exister.

---

1. Mylène Farmer, *Lisa – Loup et le conteur*, éditions Anne Carrière, Paris, 2003.

2. Mylène Farmer, « Lonely Lisa », compo. Mylène Farmer, RedOne, Polydor/Universal Music, sur *Bleu noir*, 2010.

EN COULISSES

LES MULTIPLES VISAGES DE MYLÈNE

Le look physique de Mylène Farmer a fait couler beaucoup d'encre dans les médias, et ses nombreux changements marquent autant de repères dans sa carrière depuis les années 1980. La métamorphose visuelle n'est pas qu'un enjeu de vente : elle accompagne l'évolution musicale, participe aux mises en scènes, que ce soit sur les pochettes d'album, dans les clips ou en concert, et crée ainsi des points d'ancrage dans son œuvre, qui trouvent leur plein accomplissement sur la scène. Citons cinq moments clés.

1983 : L'artiste se vêt simplement, cheveux bruns bouclés lâchés dans le dos : elle incarne l'adulescente parfaite de « Maman a tort » et « Plus grandir ».

1986 : à l'occasion du clip *Libertine*, Mylène Farmer devient rousse et adopte un style vestimentaire masculin – costumes créés par Carine Sarfati dans la vidéo : elle se joue alors directement des codes de genre.

1989 : La tournée de concerts 1989 est un moment-clé : la chanteuse se vêt pour la première fois de tenues créées par un grand couturier, Thierry Mugler, inspirées de l'atmosphère noire des clips et chansons des deux premiers albums. Cela deviendra une habitude : elle fera appel à

Paco Rabanne pour le Tour 1996, Dominique Borg pour le Millenium Tour, Franck Sorbier pour Avant que l'ombre... à Bercy, et Jean-Paul Gaultier pour les trois tournées suivantes.

1991 : L'album *L'autre...* la dévoile cheveux coupés très courts, un style dit « à la garçonne » qui accompagne le clip de « Désenchantée » : Mylène Farmer affirme plus que jamais un look parfaitement androgyne.

1995 : Avec *Anamorphosée*, c'est une révolution : elle adopte un style plus sensuel où sa féminité est mise en exergue. C'est le signe d'un changement direct dans son approche, qui accompagne l'univers rock de l'album. Elle poursuivra ce look sur scène et à travers la promotion des albums suivants – et particulièrement sur *Monkey Me*, avec un visuel noir et blanc rappelant certaines photos de Marilyn Monroe : l'univers se veut alors plus sensuel et populaire à la fois.

2. LE JEU DE LA *MELANCHOLIA* : JE SERS À QUOI ?

L'individualité mène chacun d'entre nous à questionner son propre rapport au monde, à l'existence : quel sens a ma vie ? Quel est son but ? Pourquoi suis-je vivant ? Notre quotidien nous renvoie une forme d'absurdité dont Mylène Farmer se fait l'écho. La référence à Virginia Woolf et à *Mrs Dalloway* exprime justement l'incohérence d'une vie qui peut être perçue comme futile, sans intérêt. Mais la chanteuse émet une nuance : ce qui importe, c'est que « son âme est belle » et que le personnage (Virginia Woolf ou Clarissa Dalloway) est en mesure de *puiser de la lumière*[1].

1. Mylène Farmer, « Dans les rues de Londres », compo. Laurent Boutonnat, Mylène Farmer, Polydor/Universal Music, sur *Avant que l'ombre...*, 2005.

L'absurdité du monde

Le basculement existentiel a lieu dans l'enfance et au début de l'âge adulte – la fameuse crise d'ado. Et le tout début de carrière de Mylène Farmer interroge justement ce moment de transition, nécessairement difficile : « Plus grandir pour pas mourir, pas souffrir »[1]. L'omniprésence de la poupée, dans le clip du single, renvoie à la difficulté d'abandonner les premiers âges. Son répertoire reprendra ce thème à de nombreuses reprises : les références au *Petit Prince* de Saint-Exupéry jouent ce rôle, tout comme la création de Lisa, double enfantin symbolique de l'artiste elle-même. La figure de l'enfant se dévoile dans la brutalité du rapport au monde : « Chloé » qui se noie, un garçon qui se pend (« Jardin de Vienne »), une petite fille qui subit les violences familiales (le clip de « Comme j'ai mal »)… « Dessine-moi un mouton » souligne ce trouble existentiel, réaffirmant, comme l'a suggéré Saint-Exupéry, la nécessité de garder une âme d'enfant pour éviter de devenir cynique dans l'observation de ce qui nous entoure : « Quelle solitude / De mourir / Sans certitude / D'être au moins / Une particule / De vie / Un point

1. Mylène Farmer, « Plus grandir », compo. Laurent Boutonnat, Mylène Farmer, Polydor/Universal Music, 1985 – sur *Cendres de lune* en 1986.

minuscule / Utile à quelqu'un »[1]. La famille nucléaire participe alors pleinement – essentiellement de manière passive – au développement identitaire, et la rupture avec les merveilles de l'imaginaire enfantin s'affirme avec d'autant plus de difficulté : « Optimistique-moi » marque notamment ce bouleversement. L'œdipien, exprimé dans « L'Âme-stram-gram », exprime justement cet instant charnière qu'est la prise de conscience de soi en tant qu'individualité.

Mais le sujet va plus loin : « Ce qui est absurde, nous dit Albert Camus, c'est la confrontation de cet irrationnel et de ce désir éperdu de clarté dont l'appel résonne au plus profond de l'homme. »[2] Dans son cycle de l'absurde, le penseur exprime toute la difficulté qu'éprouve l'être humain à trouver un sens à sa vie : il cherche une raison à son existence mais, le monde n'ayant pas de sens, n'étant pas raisonnable, il en résulte un point de rupture fondamental. Camus s'interroge alors : comment s'extraire de ce cycle, est-ce seulement possible ? La mort (le suicide) pourrait-elle permettre à l'homme de retrouver sa liberté ? On perçoit ce même questionnement dans l'œuvre de Mylène Farmer : l'euphémisme « Je vais

1. Mylène Farmer, « Dessine-moi un mouton », compo. Laurent Boutonnat, Mylène Farmer, Polydor/Universal Music, sur *Innamoramento*, 1999.

2. Albert Camus, *Le Mythe de Sisyphe*, Gallimard, Paris, 1942.

me coucher »[1], dans « C'est une belle journée », pose la même question, et le clip là encore poursuit la description : se donner la mort pourrait en effet être une réponse à « l'ennui d'être »[2], typiquement pascalien, puisque le divertissement n'a qu'un rôle factice dans nos vies. Le titre « Je m'ennuie » rassemble alors toute une philosophie existentielle qui trouve ses fondements dans l'expression poétique. Parmi les nombreuses références qui émaillent cette chanson, notons notamment celle à Schopenhauer : « la vie donc oscille, comme un pendule, de droite à gauche, de la souffrance à l'ennui »[3], qui caractérise selon le penseur la nature humaine.

Le spleen ou l'ennui d'être

L'album *Point de suture*, dont est issue la chanson, insiste sur ce rapport à l'ennui. Et c'est bien ce ressenti qui est le déclencheur de l'intrigue de *Lisa-Loup et le*

---

1. Mylène Farmer, « C'est une belle journée », compo. Laurent Boutonnat, Mylène Farmer, Polydor/Universal Music, sur *Les mots*, 2002.

2. Mylène Farmer, « Je m'ennuie », compo. Laurent Boutonnat, Mylène Farmer, Polydor/Universal Music, sur *Point de suture*, 2008.

3. Arthur Schopenhauer, *Le Monde comme volonté et comme représentation*, tome 1, trad. Auguste Burdeau, Presses Universitaires de France, 2008 (1819 pour l'édition originale).

conteur et qui la poussera à mener sa propre quête existentielle à travers un monde lui aussi absurde. Mais le thème déborde de cet album et se distille plus ou moins ouvertement tout au long de son œuvre. Le poème de Baudelaire « Au lecteur », sur l'album *Désobéissance*, en clarifie l'expression : « Il en est un plus laid, plus méchant, plus immonde ! / Quoiqu'il ne pousse ni grands gestes ni grands cris, / Il ferait volontiers de la terre un débris / Et dans un bâillement avalerait le monde ; / C'est l'Ennui ! [...] »[1]

L'ennui baudelairien

La notion d'ennui est au cœur de l'œuvre de Baudelaire et définit en partie le sens du spleen : « Le spleen apparaît [...] comme une forme radicalisée de l'ennui puisqu'il n'a pas de cause, c'est-à-dire qu'on peut le considérer comme un phénomène "intransitif", qui renvoie à lui-même. »[2] C'est tout l'objet de la place du poème dans le recueil, comme une sorte de prologue avant de dérouler l'expression de ce spleen. L'ennui, chez le poète, est une forme d'emprisonnement, « une espèce d'apathie qui est

1. Charles Baudelaire, « Au lecteur », poème liminaire de *Les Fleurs du mal*, Flammarion, Paris, 2019 (1855 pour l'édition originale).

2. Thomas Klinkert, « Le spleen baudelairien comme catalyseur poétique », dans Gérard Peylet (dir.), *L'Ennui*, Presses Universitaires de Bordeaux, Pessac, 2013.

la raison pour laquelle le sujet a l'impression que le temps se transforme en durée indéfinie. »[1] Il s'exprime à travers cinq caractères :

› « la longueur insupportable du temps »[2], liée à une temporalité morbide que pas même le divertissement ne peut animer ;

› le sentiment de solitude, exprimé par les images de la nuit et du froid ;

› « l'insensibilité à la nature »[3], et plus exactement à ses beautés puisque la définition de ses dernières est dépendante du regard humain ;

› l'expression de l'horreur, de l'angoisse et du blasphème ;

› « l'appel à la débauche et à la mort »[4].

En poésie romantique, spleen et mélancolie sont des synonymes, ou tout au moins des émotions puissantes dont les effets sont comparables. « La mélancolie est un crépuscule, selon Victor Hugo. La souffrance s'y fond dans une sombre joie. La mélancolie, c'est le bonheur d'être triste. »[5] La *melancholia* se rattache également à un poème éponyme d'Hugo mais porte en elle tout le

---

1. *Ibid.*

2. L. Legras, « L'ennui baudelairien », dans *Annales de Bretagne*, tome 41, n° 1-2, 1934.

3. *Ibid.*

4. *Ibid.*

5. Victor Hugo, *Les Travailleurs de la mer*, Flammarion, Paris, 2012 (1866 pour l'édition originale).

caractère du spleen, à l'image de l'allégorie gorgée de symboles gravée par Albrecht Dürer au XVIe siècle (*La Melencolia*). Or, l'univers farmerien est peuplé de ces formules, dans des titres qui se font un écho permanent : « Je t'aime mélancolie », « California », « Tous ces combats », parmi d'autres.

Derrière l'approche poétique de l'ennui baudelairien, exprimé de nouveau parfaitement dans « Le spleen / C'est l'hymne / À l'ennui d'être »[1], c'est toute la philosophie du divertissement qui est mise en exergue. « Qui ne voit pas la vanité du monde est bien vain lui-même, écrivait Blaise Pascal au XVIIe siècle. Aussi qui ne la voit, excepté de jeunes gens qui sont dans le bruit, dans le divertissement et dans la pensée de l'avenir. Mais ôtez leur divertissement vous les verrez se sécher d'ennui. »[2] L'ennui, chez le philosophe, se place comme antithèse du divertissement. Or, dit-il : « La seule chose qui nous console de nos misères est le divertissement et c'est pourtant la plus grande de nos misères. »[3] À travers cette réflexion devenue célèbre, le penseur s'attache à décrire l'inconsistance de nos vies humaines : l'homme éprouve des difficultés à exister

1. Mylène Farmer, « Je m'ennuie », *op. cit.*

2. Blaise Pascal, Vanité 23 (Laf. 36, Sel. 70), sur www.penseesdepascal.fr (consulté en mai 2022).

3. Blaise Pascal, *Pensées*, Flammarion, Paris, 2015 (1669 pour l'édition originale).

car sa propre existence, qui elle-même n'a pas de sens, renvoie à l'idée d'une inexorable fin (la mort). Pour échapper à l'angoisse de cette pensée, il fuit donc dans le divertissement, mais ce n'est qu'une activité factice, sans valeur. De fait, Pascal l'affirme : « Qu'on laisse un roi tout seul sans aucune satisfaction des sens, sans aucun soin de l'esprit, sans compagnies, penser à lui tout à loisir. Et l'on verra qu'un roi sans divertissement est un homme plein de misères. »[1]

Du divertissement au problème de l'existence

Pascal se situait aux prémices de ce que Jean-Paul Sartre nommera en 1945 l'existentialisme, proposant une lecture de la condition humaine. Dans la conférence « L'existentialisme est un humanisme », dont le compte rendu deviendra le fer de lance de tout un mouvement de pensée, il s'oppose à certains penseurs contemporains, dont Kant, ainsi qu'au marxisme, affirmant que « l'existence précède l'essence »[2] :

1. *Ibid.*

2. Jean-Paul Sartre, *L'Existentialisme est un humanisme*, Nagel, Paris, 1946.

j'existe, je viens au monde, bien avant de me définir moi-même. Le jeu des valeurs, des passions, des représentations, ne peut qu'être secondaire à l'existence même. Le penseur affirme alors que « l'homme est condamné à être libre »[1] : c'est par son libre arbitre, c'est-à-dire ses choix, qu'il peut décider de ce qu'il deviendra (l'essence). L'angoisse de la vie naît selon lui de cette liberté individuelle car elle est chargée de responsabilités et participe notamment à l'essence de la communauté humaine dans son ensemble.

Mylène Farmer ne déploie pas cette philosophie dans son œuvre. Elle y instille néanmoins de multiples références, notamment de deux ouvrages où Sartre met justement sa pensée en scène : « Je sais, l'enfer, c'est les autres / En ce monde, on est tous des vôtres »[2], rappel de la pièce de théâtre *Huit clos*, ainsi que « Petite nausée / Temps dilué / À l'infini »[3] qui fait un clin d'œil appuyé au roman philosophique *La Nausée*.

De nombreuses chansons évoquent le vertige que chacun de nous peut ressentir devant la prise de conscience de l'inutilité de l'existence, ce mal de vivre, correspondant à la mélancolie d'Hugo et au

1. *Ibid.*
2. Mylène Farmer, « Vieux bouc », compo. Laurent Boutonnat, Polydor/Universal Music, sur *Cendres de lune*, 1986.
3. Mylène Farmer, « Je m'ennuie », *op. cit.*

spleen baudelairien – « Ainsi soit je... » en est une parfaite illustration. Mais celle qui l'exprime le plus frontalement n'est autre qu'« À quoi je sers ». Mylène Farmer y décrit ces « pages vides »[1] qui composent notre existence, détachées du divin, et nous mènent à comprendre, malgré cette recherche de sa « voie lactée », c'est-à-dire du sens de sa vie, que « Je sers à rien du tout ». La référence est directe à *L'Apprentissage de la ville* de Luc Dietrich, qui évoque les faiblesses de la société au sortir de la Seconde Guerre mondiale et questionne de fait le sens de la vie humaine : « Alors le destin de l'humanité tout entière m'apparut dans ce mouvement de mauvaise marée : destins fondus dans le même glissement, destins lâchés par milliards comme poussières vivantes. »[2]

Le clip du single poursuit l'exploration de manière symbolique. Le personnage joué par la chanteuse y avance paisiblement vers la mort, dont le passeur Charon et le Styx, fleuve des Enfers dans la mythologie grecque, constituent des allégories. Elle observe sur son passage les visages de ceux qui ont marqué son passé, parmi lesquels la rivale de « Libertine », le marionnettiste de « Sans contrefaçon » et le matador

---

1. Mylène Farmer, « À quoi je sers... », compo. Laurent Boutonnat, Mylène Farmer, Polydor/Universal Music, 1989.

2. Luc Dietrich, *L'Apprentissage de la ville*, Le Temps qu'il fait, Mazères, 2016 (1942 pour l'édition originale).

de « Sans logique ». Ces figures fantomatiques livrent un semblant de réponse au texte : je sers à avoir l'expérience de mon vécu, marqué par son lot d'aventures et par une multitude d'êtres que je suis amené à rencontrer. Pour autant, face à la contingence de l'existence et à l'aune de la finitude de toute vie humaine, cela est-il suffisant ? Comment répondre à cet absurde qui nous caractérise ? De quelle manière donner du sens à notre présence sur Terre ? Le suicide est-il la seule solution de liberté individuelle ? Non, nous dit Camus, puisqu'il marque une forme de faiblesse. La solution est donc à chercher ailleurs, et c'est la révolte qui en est la réponse, mais cette révolte « doit respecter la limite qu'elle découvre en elle-même et où les hommes, en se rejoignant, commencent d'être. »[1] C'est donc l'idée du développement d'un lien indéfectible entre les individus qui marque la possibilité de cette révolte. Elle rejoint la théorie de la responsabilité que Saint-Exupéry a défendu dans son œuvre, et notamment à travers *Le Petit Prince* : « Tu deviens responsable pour toujours de ce que tu as apprivoisé »[2], explique le renard au petit bonhomme. Et l'apprivoisement, lui, rejoint l'amour pour autrui, concept pleinement farmerien.

---

1. Albert Camus, *L'Homme révolté*, Gallimard, Paris, 1951.
2. Antoine de Saint-Exupéry, *Le Petit Prince*, Gallimard, Paris, 1943.

Mylène

Mylène

Les aiguilles de l'Horloge et le rapport à la mort

Lisa-Loup et le conteur met en scène une jeune héroïne qui décide de quitter son chez-soi pour embrasser de nouvelles aventures. Son chemin initiatique, semé d'épreuves, marqué par la rencontre d'êtres tous plus différents que les autres, la mène à questionner le sens de l'existence et le rapport à la mort. La petite fille se souvient des mots de sa grand-mère : « Tu vois, Lisa, il faut du temps pour que chacun se fasse à l'idée de mourir. Et si c'est source de chagrin ? Il faut se prendre par la main, accompagner l'autre du mieux que l'on peut, sans avoir pour autant recours aux discours. »[1]

---

1. Mylène Farmer, *Lisa – Loup et le conteur*, *op. cit.*

Lisa visitera un cimetière, une église, autant d'espaces géographiques qui marquent les limites matérielles de la vie humaine. Sa solitude, qui la dirigera vers sa quête individuelle, est quant à elle étroitement liée à la perte de l'être aimé qu'incarne sa grand-mère. La mort plane donc tout au long du récit, cherchant une réponse à des questions que l'homme s'est posé depuis la nuit des temps : Que devenons-nous après la mort ? La mort du corps signifie-t-elle la mort de l'âme ? – et qu'est-ce que l'âme ? Si l'issue individuelle est nécessairement le décès, qu'est-ce que cela dit de notre vie ?

Le sujet est présent dans l'œuvre de Mylène Farmer depuis les origines jusqu'aux titres les plus récents. Songeons à « Plus grandir », « Tristana », « La ronde triste » ou, dans la dernière décennie, « Insondables », « Sentimentale », « N'oublie pas »... Et c'est « L'Horloge » de Baudelaire, présent sur le second opus de la chanteuse, qui nous indique la voie à suivre pour en saisir l'épaisseur.

1. L'EXISTENCE IMPERMANENTE ET L'EXPRESSION DE LA FINITUDE

Le rapport à la mort est partie intégrante de la pensée existentialiste : c'est bien la vulnérabilité du corps, marquée par sa fin inexorable, qui permet d'interroger l'essence d'un être et son existence. Dans la traduction poétique, le temps est l'allégorie par excellence de la mort puisqu'il porte en lui l'idée d'une continuité linéaire qui, pour l'être vivant, incarne l'angoisse de son interruption. Il n'est dès lors pas surprenant que Mylène Farmer exploite le poème de Baudelaire en ouverture d'*Ainsi soit je...* et des concerts de 1989, ainsi que du final de la tournée Live 2019.

« Un pas vers la poussière »

Dans le texte du poète, l'horloge est l'allégorie du temps qui lui-même est symbole de la mort. Il est terrifiant puisque menaçant, synonyme de douleurs car il nous conduit au décès, imbattable car indéfectible. Le plaisir (lisons le *divertissement*) n'est qu'illusoire parce qu'il marque la fuite de l'homme au regard de son issue, nécessairement fatale. Le titre « Et si vieillir m'était conté », sur *Innamoramento*, suit une logique comparable. Le passage des jours et l'arrivée de la nuit symbolisent cette temporalité et le chemin vers l'extinction du corps. Comme l'horloge de Baudelaire, la nuit est perçue terrifiante, cruelle, inexorable, et mène chacun de nous au même endroit : « un pas vers la poussière »[1].

En philosophie, la notion de temps est complexe puisqu'elle résulte d'une réalité objective (le temps passe nécessairement et rien ne peut changer cela) et de représentations mentales propres à l'humain, en mesure de conceptualiser la temporalité dans l'enchaînement des jours, des saisons, des années – mettons ici de côté les représentations animales, qui

1. Mylène Farmer, « Et si vieillir m'était conté », compo. Laurent Boutonnat, Mylène Farmer, Polydor/Universal Music, *Innamoramento*, 1999.

ajoutent une couche de perception encore différente. Le sujet fascine depuis Aristote au moins : les Grecs avaient représenté cette notion en la personnifiant – Chronos, fils du Néant, ou de Gaïa et d'Ouranos, était selon certaines versions du mythe le père des Heures. Dans les croyances associées à la mythologie grecque, les hommes étaient donc astreints à l'imperméabilité du temps puisque ce dernier n'était autre qu'une divinité, par définition toute-puissante. De cette logique naît l'idée d'une forme de fatalité car les héros mythiques sont indirectement liés à un dessein qui participe à la cosmogonie divine. De là également émerge la conscience du caractère éphémère de la vie comme condition nécessaire à l'existence humaine. Dans « Vertige », Mylène Farmer exploite cette même représentation : « Impermanente, l'existence / Vois comme la vie est éphémère / Comme les nuages / Juste un passage / [...] Le temps n'appartient à personne / Ballet d'étoiles / Insaisissables / Instant présent tu es l'essence / Du voyage »[1].

Le *voyage* auquel la chanteuse nous invite à participer rejoint une forme de spiritualité (« l'extase et l'immensité »[2]) qui trouve un écho dans la

1. Mylène Farmer, « Vertige », compo. Laurent Boutonnat, Mylène Farmer, Polydor/Universal Music, sur *Anamorphosée*, 1995.
2. *Ibid.*

pensée d'Aristote : le temps, pour lui, est marque d'une réalité physique, le mouvement « entre l'antérieur et le postérieur »[1], en conjonction avec l'acte de l'âme puisque cette dernière est la condition de la conscience de ce mouvement perpétuel : « l'ontologie[2] du temps implique nécessairement une psychologie ou, pour l'exprimer encore autrement, que le temps, en se manifestant grâce à l'âme *comme du nombrable propre au mouvement*, acquiert par là même une certaine *objectivité.* »[3] Cette réflexion épouse le développement de la métaphysique, dont Aristote est considéré comme le fondateur, et qui se donne pour ambition de comprendre de manière rationnelle l'homme (l'*être*) et le monde dans toutes ses représentations.

La logique aristotélicienne fait autorité depuis l'Antiquité. Saint-Augustin pousse plus loin la conceptualisation. « Qui oserait me dire qu'il n'existe pas trois temps, comme notre enfance l'a appris, comme nous l'enseignons à l'enfance, explique-t-il dans ses *Confessions* : le passé, le présent et l'avenir,

---

1. Agnès Pigler, « La théorie aristotélicienne du temps nombre du mouvement et sa critique ploticienne », dans *Revue Philosophique de Louvain*, 101-2, 2003, qui cite la *Physique* d'Aristote.

2. L'ontologie est la branche de la philosophie qui interroge la notion d'*être*.

3. Agnès Pigler, *op. cit.*

mais que le présent seul existe, les deux autres n'étant point ? »[1] Dans sa logique, le présent est l'unique point d'ancrage à partir duquel nous pouvons envisager le passé et l'avenir, ce qui l'amène à conclure que « le présent du passé, c'est la mémoire ; le présent du présent, c'est l'attention actuelle, le présent de l'avenir, c'est son attente. »[2]

Il faut attendre Kant pour considérer les choses autrement, ouvrant alors aux prémices de ce qui sera appelé plus tard la phénoménologie : la temporalité est la condition indispensable aux phénomènes, le temps est donc une forme d'intuition sensible. Il est indispensable à l'homme, en tant que produit de l'esprit, pour prendre conscience des réalités spatio-temporelles. La phénoménologie poursuit la réflexion mais questionne le terme de *finitude*.

Quel rapport avec Mylène Farmer ? Cette finitude s'exprime dans l'angoisse de la mort ; le terme est même cité directement dans « Je m'ennuie », titre inaugural quant au mal de vivre, au spleen baudelairien. Pour Edmund Husserl, fondateur de la phénoménologie, le temps est nécessaire à la

1. Augustin d'Hippone, *Les Confessions*, trad. M. Moreau, 1864, édition numérique réalisée par l'abbaye Saint Benoit de Port-Valais, Samizdat, Genève 2013.
2. *Ibid.*

conscience individuelle du vécu : il n'existe ni passé ni futur sans présent. Le temps n'est donc pas en dehors de l'homme mais bien immanent, c'est-à-dire directement lié à la conscience humaine. La finitude marque l'interruption de la linéarité, telle que nous la conceptualisons en tant qu'êtres humains, et y ajoute d'autant de valeurs dont nos actions au quotidien, témoins de notre libre arbitre, sont les modalités. L'existence ne peut donc être appréhendée que par la notion de temporalité, ce qui fait dire à Sartre que « la finitude est une conséquence de la liberté [...], dès qu'il y a existence, il y a choix, et dès qu'il y a choix, il y a finitude, de sorte que “la réalité humaine demeurerait finie, même si elle était immortelle, parce qu'elle se *fait* finie en se choisissant humaine” »[1].

Penser sa propre finitude

Tout le problème, pour l'être, c'est à nouveau sa responsabilité individuelle, sa liberté, par opposition à une existence perçue comme transcendantale, sous

---

1. Françoise Dastur, « La question philosophique de la finitude », dans *Cahiers de Geslat-Thérapie. Finitude*, 2009/I, n° 23., qui cite Jean-Paul Sartre, *L'Être et le néant*, Gallimard, Paris, 1943.

le joug du divin (donc complètement ou partiellement déresponsabilisée). Or, Mylène Farmer n'a eu de cesse de chanter qu'« il n'y a pas d'ailleurs »[1]. La difficulté, dans la pensée athée, repose sur l'interrogation de l'*après*, comme s'il fallait questionner le néant. La mort n'est pas pour l'individu qu'une simple disparition du monde sensible ; elle est absolue : « Penser ma mort c'est aussi bien penser moi sans le monde que le monde sans moi, c'est penser à la rupture d'un rapport. Où l'angoisse commence c'est quand, au sentiment du monde comme réalité empirique, nous substituons une présence du monde en nous, qui serait le temps... Je n'étais pas plus satisfait du monde mais du moins je me sentais en sécurité dans un monde qui ne me satisfaisait pas. Ce sont ces deux conditions qui ont pu faire place en moi à l'angoisse de la mort : celle de disparaître non au monde (empiriquement) mais celle de disparaître au sens absolu. »[2]

Or, cette difficulté renvoie justement à l'expérience du vivant : la mort n'est acceptable que si la vie passée recouvre une certaine valeur. Le suicide, qui fascine Mylène Farmer, exprime une forme de rupture. Ce

1. Mylène Farmer, « Il n'y a pas d'ailleurs », compo. Laurent Boutonnat, Mylène Farmer, Polydor/Universal Music, sur *L'autre...*, 1991.

2. Jean Fallot, *L'Angoisse devant la mort*, Presses Universitaires de Lille, 2020.

n'est pas un abandon existentiel, au sens camusien, ni une action condamnable, point de vue religieux qui renvoie à une détérioration du lien avec le divin. Ce qui fait la force symbolique du suicidé, c'est sa capacité à accepter sa propre finitude. Symboliquement, la personne devient pour un instant court maîtresse de son propre temps – puisqu'elle est en mesure de l'interrompre volontairement. Pour autant, cet acte signe une négation face à la quête individuelle du bonheur, qui est la nécessité du vivant : « Voir la vie, son côté pile / Oh philosophie / Dis-moi des élégies[1] / Le bonheur / Lui me fait peur / D'avoir tant d'envies / Moi j'ai un souffle au cœur »[2]. De là la réponse de l'artiste à la problématique que pose le temps, bien éloignée déjà de l'angoisse baudelairienne de « L'Horloge » – la mort est acceptable si la vie est faite de bonheur, qui lui donne du sens : « Moi je veux vivre / Aller haut / Pouvoir me dire / Que c'est beau »[3].

---

1. Une élégie est un poème ou un genre poétique qui exprime la douleur de la mélancolie. À titre d'exemple, « Demain dès l'aube » de Victor Hugo, écrit suite au décès de la fille de l'artiste, est un poème élégiaque.

2. Mylène Farmer, « C'est une belle journée », compo. Laurent Boutonnat, Mylène Farmer, Polydor/Universal Music, sur *Les mots*, 2001.

3. Mylène Farmer, « Du temps », compo. Laurent Boutonnat, Mylène Farmer, Polydor/Universal Music, sur *2001.2011*, 2011.

Temps et mort du corps

Derrière la notion de temporalité, c'est donc bien la question de la mort que les penseurs sont amenés à questionner. Dans l'œuvre de Mylène Farmer, les deux thèmes sont étroitement associés. De nouveau, « Plus grandir » nous en donne l'argument, et son clip le met clairement en image : le personnage incarné par la chanteuse vieillit brutalement, réponse symbolique à « plus grandir pour pas mourir »[1] : la matérialité du corps mène inexorablement vers cet état, que chacun est amené à rencontrer.

Comment aborde-t-elle donc cette notion tout au long de son œuvre ? Elle le fait par le biais de différents procédés poétiques et visuels qui visent à provoquer – donc faire réagir – ou tout au moins à faire émerger la réflexion. L'approche se dévoile par succession de couches :

- l'expression existentielle de l'angoisse face à sa propre finitude, dès « Plus grandir », qui trouve sa pleine expression dans *Ainsi soit je...* et *L'autre...*
- la mort de l'enfant, synonyme d'horreur puisque marquant symboliquement l'interruption de

1. Mylène Farmer, « Plus grandir », *op. cit.*

l'innocence : le personnage éponyme du titre « Chloé », inspiré du poème « Ophélie » de Rimbaud, le « petit garçon perdu »[1] de « We'll never die » qui fait la guerre pour une cause perdue, le « petit bonhomme »[2] qui se pend dans « Jardin de Vienne » ;

- la mort dans l'expression même de sa violence, particulièrement lisible dans les clips, témoignage de la cruauté ou de l'horreur du genre humain : « Libertine », « Pourvu qu'elles soient douces », « Beyond My Control », « California », « L'Âme-stram-gram »…
- l'allégorie de la mort, incarnée par Mylène Farmer elle-même dans la scène finale du clip de « Pourvu qu'elles soient douces » et l'émergence du lien initiatique entre vie et mort à travers l'explication donnée par la voix off : « Mon père m'avait prévenu : tu reconnaîtras la Mort à son grand cheval noir. Et si par malheur, elle s'arrête devant toi, surtout ne la regarde pas ! Ne la regarde pas ! Je ne l'ai jamais revue mais jamais je n'oublierai

---

1. Mylène Farmer, « We'll never die », compo. Laurent Boutonnat, Polydor/Universal Music, sur *Cendres de lune*, 1986.

2. Mylène Farmer, « Jardin de Vienne », compo. Laurent Boutonnat, Polydor/Universal Music, sur *Ainsi soit je…*, 1988.

l'odeur de son parfum et la douceur de sa peau tandis qu'elle m'emportait vers la Vie. »[1] ;

- l'acceptation de sa propre mort, marquée par la quiétude du mourant devant l'inévitable : c'est ce qui est mis en scène dans le clip d'« À quoi je sers... » ;
- la difficulté de survivre au proche disparu (« Regrets », « Nous souviendrons nous », « Laisse le vent emporter tout », « Pas le temps de vivre »...) ;
- l'expression de sa propre trace sur Terre comme témoignage du vivant (« Redonne-moi », « Avant que l'ombre », « Du temps », « À l'ombre »...).

En philosophie, la question de la mort est complexe puisqu'elle renvoie à la notion d'*être*, liée notamment à la métaphysique, aux phénomènes (phénoménologie), au divin, aux différences civilisationnelles – la « célébration » de la personne décédée instaure des rites et des traditions qui ne sont pas fixes en fonction des cultures et des époques[2]... Loin de donner une réponse à ces problématiques, Mylène Farmer, par ses multiples approches, fait écho aux réflexions de plusieurs philosophes :

---

1. *Pourvu qu'elles soient douces (Libertine II)*, réal. Laurent Boutonnat, scén. Laurent Boutonnat et Gilles Laurent, 1988.

2. Lire notamment Bertrand Quentin (dir.), *Des Philosophes devant la mort*, CERF, Paris, 2016.

- la pensée platonicienne selon laquelle la mort est un moyen pour l'âme d'accéder à un niveau supérieur de savoir et donc de sagesse, c'est-à-dire au monde des Idées ;
- les approches épicurienne et stoïcienne, selon lesquelles la mort est « un phénomène naturel, parfaitement intégré dans l'ordre de l'univers, la vertu humaine est de l'accepter, de s'en grandir et de s'en réjouir »[1] ;
- l'existentialisme de Sartre : la mort est extérieure à l'homme puisqu'elle est « un pur fait, comme la naissance ; elle vient à nous du dehors et elle nous transforme en dehors. Au fond elle ne se distingue aucunement de la naissance, et c'est l'identité de la naissance et de la mort que nous nommons facticité »[2] ;
- la réflexion portée par Heidegger, selon laquelle la mort est une expérience qui appartient pleinement à l'existence puisqu'elle est la condition de l'authenticité de l'être humain : c'est ce que le philosophe nomme *Sein zum Tode*, soit « l'Être-vers-la-mort »[3].

---

1. Jean-Marc Rohrbasser, « Mourir en philosophie », dans *Gérontologie et société. Le bien mourir*, 2004/1, vol. 27, n° 108.

2. Jean-Paul Sartre, *L'Être et le néant*, *op. cit.*

3. Martin Heidegger, *Être et Temps*, trad. François Vezin, Gallimard, Paris, 1992 (1927 pour l'édition originale).

Accepter la mort

Entrons dans le détail. Le répertoire de la chanteuse est marqué par un glissement dans l'approche, d'un romantisme baudelairien où la mort est directement liée à l'expression du mal-être (spleen, mélancolie), particulièrement dans ses trois premiers albums, à une forme d'acceptation et un certain apaisement dès *Anamorphosée*. Ce changement de position repose sur l'intime, sur la vie personnelle de l'artiste, mais cette dernière reprend également une stature philosophique développée dès l'Antiquité et qui rythme la pensée des hommes dans de multiples civilisations. Socrate, à travers les mots de Platon, renvoie à cette sagesse face au trépas : « C'est dans le Phédon [de Platon], en effet, que celui qui sera condamné à mort par les juges athéniens explique que, s'étant entraîné toute sa vie à mourir, il n'a aucune raison de redouter la mort. »[1] Cela s'explique logiquement car « pratiquer la philosophie étant s'efforcer de connaître, et connaître signifiant connaître les Essences, alors philosopher n'est rien d'autre que pratiquer l'exercice

1. Claude Obadia, « Savoir vivre est-il autre chose que savoir mourir ? Ulysse, Socrate et les Samouraï », dans *Le Philosophoire. La mort*, 2006/1, n° 45.

qui consiste, en tâchant intellectuellement d'accéder aux Essences, à se détacher de la réalité sensible ou matérielle. Or, qu'est-ce que la mort sinon la séparation du corps et de l'âme ? »[1]

Cette philosophie d'acceptation de la mort rejoint la pensée bouddhiste, et notamment celle portée par Sogyal Rinpoché dans *Le Livre tibétain de la vie et de la mort*, auquel Mylène Farmer fait référence dans *Innamoramento* – et plus spécifiquement dans le titre « Méfie-toi » : « La vie et la mort sont perçues comme un tout : la mort est le début d'un autre chapitre de la vie. La mort est un miroir dans lequel se reflète l'entière signification de la vie. [...] Selon la perspective du bouddhisme tibétain, nous pouvons diviser notre existence entière en quatre réalités qui sont en corrélation constante : 1° la vie ; 2° le processus de la mort et la mort elle-même ; 3° la période après la mort et 4° la renaissance. [...] Une réflexion de ce type peut nous aider à faire un usage fécond de la vie pendant qu'il en est encore temps, et nous donner la garantie que lorsque nous mourrons, nous n'aurons ni le remords ni l'amertume d'avoir gaspillé notre existence. »[2]

---

1. *Ibid.*

2. Sogyal Rinpoché, *Le Livre tibétain de la vie et de la mort*, Éditions de la Table Ronde, Paris, 2013.

Le diptyque « Avant que l'ombre... » / « À l'ombre », souvent lu par le public comme l'annonce de la fin de carrière immanente de Mylène Farmer, répond en fait à cette nécessité de donner de la valeur à la vie, seule possibilité d'accepter la mort et d'être donc serein face au concept de finitude. Et le principe de création artistique est une réponse possible à cette nécessité : « L'angoisse de la mort est l'anticipation de la destruction de l'image de soi, vécue dans l'horreur. Cette anticipation peut déboucher sur un projet qui a valeur de reconstruction de cette image de soi menacée, à travers une œuvre de création. La création vaut alors pour une restauration, une réparation de l'image narcissique. L'œuvre représente alors la "construction d'un corps-rempart, invulnérable et imputrescible", qui a pour fonction de faire pièce, de s'opposer à l'angoisse de destruction et de dissolution constituée par la menace de la mort. »[1]

Or, si l'œuvre de la chanteuse exprime l'angoisse de la fin, dans ses premières années, elle est en effet marquée par le glissement, dès 1995-2000, vers l'acceptation personnelle. Cette mutation coïncide avec

---

1. Philippe Fontaine, « L'angoisse de la mort est-elle un frein à la créativité ? », dans *Recherches en soins infirmiers*, 2009/4, n° 99, qui cite Didier Anzieu, *Le Corps de l'œuvre. Essais psychanalytiques sur le travail créateur*, Gallimard, Paris, 1981.

l'intérêt affirmé de l'artiste pour les philosophies asiatiques. Son œuvre signe alors une réponse intime au besoin d'ajouter de la valeur à l'existence et, ce faisant, Mylène Farmer délivre toute une série de messages à travers ses textes, ses clips, son univers en général pour inviter chacun à avoir une expérience positive de la vie, à y mettre du sens, seule possibilité d'accueillir le trépas paisiblement.

EN COULISSES

MORT ET FOLIE DANS *GIORGINO*

La première moitié de la décennie 1990 marque un moment charnière pour Mylène Farmer. Après une compilation de remixes (*Dance Remixes*) et la sortie d'un inédit (« Que mon cœur lâche »), l'artiste disparaît quelques années de la scène musicale. Elle participe alors à un projet d'envergure mené par son acolyte, Laurent Boutonnat : le long métrage *Giorgino*, qui sortira en salle en 1994. Le film est un échec commercial, jugé trop long – il dépasse les trois heures –, trop noir, trop conceptuel.

Mylène Farmer joue le personnage de Catherine, une jeune femme psychologiquement fragile qui garde secret le mystère de la disparition d'un groupe d'orphelins. Elle s'éprendra de Giorgio Volli (Jeff Dahlgreen, guitariste de la chanteuse sur les périodes *Anamorphosée* et *Innamoramento*), un jeune docteur épuisé par les terreurs de la Première Guerre mondiale.

Souvent analysé comme une sorte de clip étiré à la Farmer, il reprend en effet certains thèmes forts et l'imagerie qu'embrasse le duo depuis les années 1980. Le film plonge le spectateur dans une atmosphère cauchemardesque et soulève différentes problématiques : la gestion médicale de la folie, le rapport à l'amour, la violence humaine, la mort, le suicide. L'omniprésence de la neige, référence directe à Jean Giono, et celle des loups rappellent fortement l'ambiance du clip de « Tristana ».

Suite à l'échec commercial du film, Laurent Boutonnat s'efface en partie de la carrière Farmer. S'il compose toujours la musique de ses albums, il délaisse dès lors la réalisation des clips jusqu'au début des années 2000. Il rachète en outre les droits d'exploitation du film et n'en proposera une édition DVD qu'en 2007.

2. SOUVIENS-TOI : MÉMOIRE DE SOI, MÉMOIRE DES AUTRES

Si notre propre finitude est un sujet d'angoisse, ou tout au moins de réflexion quant à notre condition, il en est un autre qui transcende l'œuvre de Mylène Farmer : c'est celui de la mémoire, un thème qu'on retrouve fréquemment dans son répertoire. « Avant que l'ombre... » insiste sur ce point : « Mémoire... / Qui m'oublie, qui me fuit [...] / Mémoire inachevée / Qui ne sait... où elle naît »[1]. Dans ce titre, le regard est à la fois porté vers le passé et vers l'avenir, c'est-à-dire sur la finitude du corps, cet « autre côté »[2] qui marque l'arrivée imminente de l'« ombre », métaphore de la mort. L'entre-deux est marqué par ce qui donne de la

---

1. Mylène Farmer, « Avant que l'ombre... », compo. Laurent Boutonnat, Mylène Farmer, Polydor/Universal Music, sur *Avant que l'ombre...*, 2006.

2. *Ibid.*

valeur à la vie humaine : aimer l'autre. Et à l'issue de cette prise de conscience, comme s'il s'agissait d'une forme d'accomplissement, chacun est en mesure d'accepter de « laisser le passé redevenir le passé »[1].

Une philosophie de la mort

La mémoire personnelle permet de connecter deux thèmes philosophiques importants dans son répertoire. Elle renvoie d'abord à la conscience de soi en tant qu'être, participant ainsi à la construction de l'identité, dans un rapport de temporalité linéaire. Selon John Locke, « c'est par la conscience qu'[un être] a en lui-même de ses pensées et de ses actions présentes qu'il est dans ce moment le même à lui-même ; et par la même raison il sera le même soi, aussi longtemps que cette conscience peut s'étendre à ses actions passées ou à venir. [...]. Cette même conscience réunit dans la même personne ces actions qui ont existé en différents temps, quelles que soient les substances qui ont contribué à leur production. »[2] De ce point de

1. *Ibid.*

2. John Locke, *Essai philosophique concernant l'entendement humain*, trad. Pierre Coste, Pierre Mortier, Amsterdam, 1735 (1689 pour l'édition originale).

vue, la perte de la mémoire, par exemple causée par des troubles médicaux, suppose une rupture d'une partie ou de la totalité de la conscience de soi, donc de l'identité – c'est l'une des prises de conscience d'horreur des proches d'une personne atteinte de la maladie d'Alzheimer.

Pour un être *a priori* en bonne santé, le regard sur des individus touchés par ce type de maux le renvoie de nouveau à l'éphémérité de la vie et à la vulnérabilité de cette conscience de soi. C'est dans ce cadre, en partie tout au moins, que Mylène Farmer a été amenée à chanter sur l'accompagnement des malades – son engagement personnel sur ces questions, notamment associatif et dans le soutien aux enfants malades, est connu depuis les années 1980. Le titre « Dernier sourire », réenregistré en 1992 pour la compilation *Urgence : 27 artistes pour la recherche contre le sida*, exprime l'intimité de ce lien auprès d'une personne en fin de vie, marque de la fin de l'existence et bercée par le lot des souvenirs : « Est-ce te trahir ? / Si je t'invente des lendemains qui chantent... [...] / Ton souvenir ne cessera jamais / De remuer le couteau dans ma plaie »[1].

1. Mylène Farmer, « Dernier sourire », compo. Laurent Boutonnat, Mylène Farmer, Virgin, sur *Urgence : 27 artistes pour la recherche contre le sida*, 1992.

De cette expérience complexe individuellement naît cette même idée de remettre du sens, de la valeur, dans nos vies respectives : « La mort, explique la psychologue Marie de Hennezel, celle que nous vivrons un jour, celle qui frappe nos proches ou nos amis, est peut-être ce qui nous pousse à ne pas nous contenter de vivre à la surface des choses et des êtres, ce qui nous pousse à entrer dans leur intimité et leur profondeur. [...] On cache la mort comme si elle était honteuse et sale. On ne voit en elle qu'horreur, absurdité, souffrance inutile et pénible, scandale insupportable, alors qu'elle est le point culminant de notre vie, son couronnement, ce qui lui confère sens et valeur. »[1] Autrui, comme « un autre moi »[2], nous renvoie directement une image de nous-même, et c'est par l'observation de son évolution que nous sommes en mesure d'épouser une philosophie des valeurs correspondant à notre conscience de soi.

1. Marie de Hennezel, *La Mort intime. Ceux qui vont mourir nous apprennent à vivre*, Robert Laffont, 2001.

2. Mylène Farmer, « L'autre... », *op. cit.*

Se souvenir d'autrui

Chez Mylène Farmer, le souvenir de l'autre est transcendant en cela qu'il se déploie dans son œuvre par touches éparses, à travers des odes, souvent élégiaques, à des personnes disparues. « Regrets » rejoue un romantisme suranné marqué par le souvenir d'autrui, « Nous souviendrons-nous » questionne la mémoire amoureuse à l'issue de la mort. Et la douleur de celui qui reste s'exprime puissamment dans « Laisse le vent emporter tout », « Plus le temps de vivre » et « Si j'avais au moins... »

Le questionnement philosophique qui se dissimule derrière ces textes est d'abord d'ordre existentiel : pourquoi et comment survivre quand on a perdu les personnes que l'on aime ? Mais derrière cette interrogation d'apparence simple, la chanteuse avance une autre idée, qui trouve toute sa force dans *Innamoramento* – déjà largement suggérée par le titre de l'album : ce n'est autre que l'amour, avec une référence clairement assumée au livre *Le Choc amoureux*[1]. « Alberoni souligne [...] que l'exaltation amoureuse

---

1. Francesco Alberoni, *Le Choc amoureux*, trad. Jacqueline Raoul-Duval, Teresa Matteucci-Lombardi, Pocket, Paris, 2020 (1976 pour l'édition originale).

est nécessaire à toute grande entreprise, politique ou révolutionnaire, qui débute. Ce qui entraîne toutefois une tendance à valoriser cet état initial chez Stendhal comme chez Alberoni, et provoque une dégradation rapide : tout sentiment amoureux comporte, il est vrai, le risque de la perte de l'être aimé et de la “maladie” qui en résulte. [...] Mais si ces écueils peuvent être évités, autrement dit, si l'on comprend que l'amour n'élimine jamais les tiers, que l'univers continue à exister et l'autre aussi, notre rapport à “l'objet” ne sera pas source d'inquiétude et le plaisir ne cédera pas à l'angoisse. »[1] C'est donc dans une forme de *déraison* – clin d'œil à « Lonely Lisa » – que l'amour pour l'autre peut se déployer, et le risque de sa disparition, qui marque la vulnérabilité des émotions, ne fait que renforcer ce lien. Se souvenir d'une personne disparue – et lui rendre hommage dans le cadre de sa propre création artistique –, c'est s'assurer de la réalité de ses sentiments, participant là encore à la conscience de soi.

1. Frédéric Grolleau, « L'amour est-il raisonnable ? », dans *Le Philosophoire. L'amour*, 2000/1, n° 11.

L'enjeu de la mémoire collective

Mais pourquoi donc le « monologue » de la chanteuse est-il « poudré de neige »[1] ? La métaphore est enchanteresse et exprime l'idée que le passé, quel qu'il soit, laisse nécessairement des traces. Ces témoignages se jouent au niveau individuel mais aussi collectif, une mémoire commune qui est, selon l'historien Pierre Nora, « le souvenir ou l'ensemble des souvenirs, conscients ou non, d'une expérience vécue et / ou mystifiée par une collectivité vivante de l'identité dans laquelle le sentiment du passé fait partie intégrante. »[2] Et c'est bien l'enjeu de la chanson « Souviens-toi du jour », hommage à *Si c'est un homme* de Primo Levi.

C'est à ce jour le seul titre de l'artiste qui traite aussi ouvertement d'un sujet historique, la Shoah – « Rêver » l'évoque seulement. Mais derrière le jeu de mémoire, Mylène Farmer entend transmettre un message, dans la lignée de l'album *Innamoramento* : au-delà du souvenir de l'autre, en l'occurrence des

1. Mylène Farmer, « Nous souviendrons-nous », Polydor/Universal, sur *L'autre...*, 1991.

2. Pierre Nora, « La mémoire collective », *H. Histoire*, n° 2, 1978, cité dans Marie-Claire Lavabre, « Usage et mésusages de la notion de mémoire », dans *Critique internationale*, vol. 7, n° 7, 2000.

victimes des déportations durant la Seconde Guerre mondiale, elle insiste sur l'appartenance fondamentale à la vie. Si l'homme est en effet capable des pires atrocités, il a en lui ce possible humanisme qui le dirige vers autrui puisque, et c'est le sens de la révolte de Camus, « les destins sont liés »[1]. L'amour entre les êtres humains est alors la seule possibilité d'avenir, et c'est à travers l'exploration de cette émotion que l'homme peut devenir l'Homme, dans la plus pure réflexion exupérienne. Là encore, Mylène Farmer nous incite à nous élever, non plus dans une perspective révolutionnaire, mais spirituellement. C'est le chemin vers la sagesse.

---

1. Mylène Farmer, « Souviens-toi du jour », compo. Laurent Boutonnat, Mylène Farmer, Polydor/Universal Music, sur *Innamoramento*, 1999.

L'homme ou l'Homme chez Saint-Exupéry

Dans son œuvre, Antoine de Saint-Exupéry fait une distinction entre l'Homme et l'homme : « Seul l'Esprit, s'il souffle sur la glaise, peut créer l'Homme »[1]. Pour lui, l'*homme* renvoie au genre humain. L'*Homme* représente la quintessence humaine, l'objectif de tout homme existant. C'est l'incarnation du Surhomme (Übermensch), un concept développé par Nietzsche.

Il s'agit d'une représentation mentale, pouvant servir de modèle individuel, qui affirme l'existence d'un idéal auquel chacun de nous doit, ou tout au moins est en mesure d'aspirer. Il incarne la volonté de puissance, un concept nietzschéen à la base des valeurs humaines, selon le philosophe. Le Surhomme est capable de dépasser sa condition, être au-dessus des autres hommes et des animaux. Il est fort, il n'a plus de désirs et constitue la somme de toutes les qualités humaines. Il « assume son chaos intérieur et [...] s'en rend le maître mais sans essayer de le refouler. Le surhomme est un réseau maîtrisé de personnalités multiples et contradictoires. »[2] Goethe en est une figure possible.

1. Antoine de Saint-Exupéry, *Terre des hommes*, Gallimard, Paris, 1939.

2. Lucas Degryse, « Le surhomme et la volonté de puissance », dans *Le Philosophoire*, 2002/3, n° 18.

MF

Mylène

Mylène

Satanique ou angélique, entre spiritualité et blasphèmes

En 1999, une équipe de tournage pose ses caméras dans l'ancienne abbaye cistercienne Notre-Dame du Val, dans le Val-d'Oise. L'atmosphère du lieu est propice à la réalisation d'une vidéo sur le recueillement et la religion : l'édifice est isolé, dépouillé, immergé par le silence, ce qui lui confère quelque chose de mystique. Durant deux jours, Mylène Farmer jouera le rôle d'une jeune femme aveugle qui, par un pacte silencieux avec le Diable, reçoit les stigmates, est crucifiée et possédée par le Malin. On y voit les statues liturgiques s'effondrer au sol, un bénitier fumer, plusieurs scènes de nu ainsi qu'un bain de sang. Pour l'Église, c'en est trop : sous la pression d'une commission de mères de famille interrogée par M6, et pour éviter le joug du RSA, la chaîne de télévision décide de censurer le clip[1] : *Je te rends ton amour* passe d'une version originale d'un peu plus de cinq minutes à une autre, raccourcie, de deux minutes. Qu'à cela ne tienne, la chanteuse commercialise la vidéo sous forme de cassette, avec l'intention de reverser les profits au Sidaction. La vente est un succès : plus de 70 000 exemplaires s'écouleront, dont la moitié en une semaine.

Il faut dire que l'artiste est habituée aux polémiques, et particulièrement en lien avec ses clips, jugés par trop sulfureux, provocants, blasphématoires. Choquer l'opinion est devenu une habitude dès le début de sa carrière : « Maman a tort », « Plus grandir », « Libertine » et « Beyond My Control ». Certains fans affirment même que le clip original de « Rêver », en lien avec l'image de la pochette du single sur laquelle la chanteuse est accroupie, complètement nue, n'a jamais été dévoilé suite à une interdiction par le RSA qui l'aurait jugé trop blasphématoire. Est-ce vrai ? Peu de personnes peuvent répondre à

---

1. Emmanuel Pierrat, Aurélie Sfez, *100 chansons censurées*, Hoëbeke/Radio France, Paris, 2014.

cette question, mais cet aspect légendaire participe nécessairement au mythe Mylène.

La religion est l'un des thèmes récurrents de son univers, liée à la question de la mort et à celle de l'existence. Or, la chanteuse ne se contente pas d'affirmer qu'« il n'y a pas d'ailleurs »[1] ; elle met en scène des allégories marquantes de sa pensée pour faire bouger les lignes, questionner non pas la foi mais la stature de l'Église. Car derrière sa position au premier regard anticléricale se dissimule une propension à la spiritualité et au sacré, à travers l'exploration des philosophies bouddhistes notamment : une véritable invitation au voyage.

---

1. Mylène Farmer, « Il n'y a pas d'ailleurs », *op. cit.*

1. DIEU ET DIABLE : FAITES VOTRE CHOIX

Le clip de « Je te rends ton amour » a fait couler beaucoup d'encre à l'époque de sa diffusion, et interrogé de nombreuses personnes : où se situe la limite dans ce qu'il est acceptable de diffuser au plus fort de l'audimat et ce qui doit à l'inverse rester dissimulé ? Mylène Farmer n'est pas la première artiste à glisser sur la polémique blasphématoire : dans le titre et le clip de « Like A Prayer » en 1989, Madonna critiquait violemment le puritanisme, et les arts visuels en ont eux aussi fait leurs choux gras – pensons par exemple à la photo d'Andres Serrano, *Immersion (Piss Christ)*, qui subit plusieurs fois des actes de vandalisme.

Mylène Farmer, pourtant, cumule les représentations : elle se met en scène possédée par le diable (clips de « Sans logique », « Je te rends ton amour »), évoque la violence possible du clergé à l'égard de ceux qui ne suivent pas la norme (clip de « Plus grandir »), les pratiques inquisitoires en direction de la sorcellerie (clip de « Beyond My Control ») et tourne l'imaginaire de Dieu et de Jésus en ridicule (clip de « Que mon cœur lâche »). Les textes eux aussi sont parlants : la chanson « L'annonciation » est un récit symbolique qui s'attache à conter le viol de Marie et les pratiques d'interruption de grossesse des faiseuses d'ange : « Et moi je sais que Dieu existe / Et ça me donne bien du malheur / Et moi je sais que Dieu est triste / Car dans mon ventre / Ça naît ça meurt »[1]. Malgré des paroles qui peuvent être lues comme blasphématoires, Mylène Farmer dédie à l'époque cette chanson à Sainte-Thérèse d'Avila, figure mystique importante de la chrétienté, à l'origine d'un mouvement de réforme prônant l'austérité. Le message livré n'est donc pas manichéen.

« Agnus Dei », qui ouvre l'album *L'autre...*, pousse la provocation plus loin. Le titre évoque en sous-texte un fantasme impie pour un prêtre, renvoyant au long métrage *Les Diables* de Ken Russel en 1971, largement censuré dans de nombreux pays notamment du fait de scènes de sexe avec le Christ. Derrière ce film, le

1. Mylène Farmer, « L'annonciation », compo. Laurent Boutonnat, RCA, sur la face B du 45 tours *On est tous des imbéciles*, 1985. Ces deux titres n'apparaissent sur aucun album de la chanteuse.

réalisateur nous passe un message de tolérance, et en partie à l'égard de la sexualité – l'écho est plus que fort dans le répertoire de la chanteuse.

Le message anti-clérical

À l'image du titre « L'annonciation », la façon qu'a Mylène Farmer d'aborder la religion n'est pas manichéenne : son répertoire n'exprime pas une défiance envers le sacré mais une critique parfois virulente de ses implications sociales, et particulièrement celles de l'Église. De fait, ses messages s'approchent des réflexions de certains philosophes matérialistes, à commencer par Lucrèce, poète du Ier siècle avant J.-C. Il est l'un des penseurs de l'Antiquité romaine qui s'est élevé « contre une certaine conception de la divinité. [...] Il n'admet pas toute forme de religion qui se fonde sur l'idée de création ou sur quelconque idée d'intérêt porté aux hommes par les dieux, de façon favorable ou défavorable. [...] Lucrèce dénonce avec raison des abus que l'on peut trouver parfois jusque dans la vie chrétienne : Il est, comme le dit Lucrèce, des explications par la divinité qui sont des démissions de l'intelligence, à qui il revient en effet de scruter les causes secondes. Il est de prétendus abandons à la Providence qui sont des abdications, alors que l'abandon authentique du chrétien est toujours une victoire sur soi. »[1] L'œuvre du poète a ainsi souvent été jugée anti-religieuse alors qu'elle porte une dimension plus réflexive sur le clergé et le rapport des hommes au transcendantal.

Lucrèce, l'anticlérical

Le rapport de Lucrèce à la religion est empreint de violence, qui s'exprime très clairement dans son œuvre. C'est le cas dans sa description de la mort d'Iphigénie où, écrit-il : « Longtemps dans la poussière, écrasée, asservie, / Sous la religion l'on vit ramper la vie ; / Horrible, secouant sa tête dans les cieux, / Planait sur les mortels l'épouvantail des dieux. / Un Grec, un homme vint, le premier dont l'audace / Ait regardé cette ombre et l'ait bravée en face ; / Le prestige des dieux, les foudres, le fracas, / des menaces d'en haut ne l'ébranlèrent pas. / L'obstacle exaspéra l'ardeur de son génie. / Fier de forcer l'accès de la sphère infinie, / Des portes du mystère il perça l'épaisseur, / Et, dépassant de loin par un élan vainqueur / Les murailles de flamme et les voûtes d'étoiles, / Sa pensée embrassa l'immensité sans voiles. / De son hardi voyage

1. Maurice Testard, « Les idées religieuses de Lucrèce », dans *Bulletin de l'Association Guillaume Budé*, n° 3, 1976.

> il nous a rapporté / la mesure et la loi de la fécondité, / Et quel cercle émané de leur intime essence / Des êtres à jamais circonscrit la puissance. / Il pose sur l'erreur son pied victorieux ; / La religion croule et nous égale aux dieux ! / Peut-être on te dira que tu cours à l'abîme, / Que la science impie est le chemin du crime. / Eh ! qui plus enfanta d'atroces actions, / Plus de hideux forfaits, que les religions ? »[1]

Les philosophes contemporains sont allés plus loin dans la critique de la religion. Pour Marx, qui développe un concept avancé par Kant, elle est « le soupir de la créature accablée par le malheur, l'âme d'un monde sans cœur, de même qu'elle est l'esprit d'une époque sans esprit. C'est l'opium des peuples. »[2] Cela signifie qu'elle a pour fonction le réconfort d'une société, particulièrement sa partie la plus fragile, avec une volonté d'effacer les inégalités sociales.

Nietzsche, quant à lui, affirmait que « Dieu est mort ! Dieu reste mort ! Et c'est nous qui l'avons tué ! »[3] Par cette déclaration, le philosophe posait un

---

1. Lucrèce, *De la nature des choses (De Rerum Natura)*, trad. André Lefèvre, Société d'édition littéraire, Paris, 1899, sur http://remacle.org.

2. Karl Marx, *Critique du droit politique hégélien*, Allia, Paris, 2010 (1927 pour l'édition originale).

3. Frederich Nietzsche, *Le Gai Savoir*, trad. Henri Albert, Mercure de France, Paris, 1901 (1882 pour l'édition originale).

regard noir sur les évolutions de la société de la fin du XIXe siècle. Mais il critiquait également la posture humaine de son époque au regard de la religion, insistant sur la perte des valeurs morales – ou des vertus, au sens aristotélicien. « Le christianisme est, selon lui, à l'origine de sa propre "euthanasie" qui résulte d'une contradiction entre sa morale de probité et le dogme. »[1] En cause : le nihilisme de l'homme, qui crée une perte de sens en ces valeurs comme autant de repères effacés.

Le message de Mylène Farmer, de la même manière, ne se réduit pas à un argument antireligieux, nécessairement stérile. Il pointe du doigt le paradoxe de l'Église qui, par ses dogmes, est créatrice des dérives qu'elle entend justement combattre : « le clip de "Je te rends ton amour" doit beaucoup à la thèse de Georges Bataille, l'un des auteurs favoris de Mylène, qui décrit paradoxalement le sentiment religieux comme la racine même du Mal. En voulant nous baigner de pureté, le dogme catholique nous fait entrevoir l'attrait des ténèbres : car la lumière ne va pas sans l'ombre. Ériger le Bien en valeur absolue, quand l'homme est incapable d'atteindre un tel

1. Paul Valadier, « Nietzsche et l'avenir de la religion », dans *Le Portique*, n° 8, 2001.

horizon, n'est-ce pas dans le même temps engendrer le Mal ? »[1] Dans cette perspective, les titres « Vieux bouc » et « Agnus Dei », par exemple, ne sont pas des actes de provocation gratuits mais une critique virulente de différents dogmes (et notamment chrétiens) servant de prétexte aux hommes pour juger et châtier des pratiques sexuelles considérées comme déviantes, telle l'homosexualité, ou renvoyant tout simplement à l'idée de luxure – là où Mylène Farmer prône au contraire une forme de philosophie qui se rattache au mouvement sexpositif, incluant l'expérience sexuelle comme un fondamental identitaire et social.

Sartre et la responsabilité

Affirmer que Mylène Farmer est athée, ou agnostique, tient du non-sens et renvoie à des croyances personnelles qui n'ont pas lieu d'être dans la sphère publique. Ses messages, au-delà de leur aspect strictement provocateur, se rapprochent néanmoins de la notion d'existentialisme athée tel que Sartre l'a définie.

1. Hugues Royer, *Mylène*, Flammarion, Paris, 2008.

L'existentialisme est un humanisme

Sartre est le philosophe par excellence du courant existentialiste. À la question « qu'est-ce que l'homme ? », il répond en effet qu'il n'est rien puisque « l'existence précède l'essence »[1] : l'homme doit donc se construire pour trouver son essence. Si ce n'était pas le cas, cela signifierait que l'homme est déjà quelque chose à sa naissance, puisque Dieu le précède. Il n'existerait donc pas de liberté au sens strict du terme puisqu'elle dépendrait entièrement d'une puissance supérieure, par définition omnisciente et omnipotente.

La morale, c'est-à-dire le choix conscient du bien et du mal, ne découlerait plus rationnellement du libre arbitre mais d'un positionnement transcendantal, ce qui n'est pas acceptable pour le philosophe : « L'existentialisme athée que je représente [...] déclare que si Dieu n'existe pas, il y a au moins un être chez qui l'existence précède l'essence, un être qui existe avant de pouvoir être défini par aucun concept et que cet être c'est l'homme, ou, comme le dit Heidegger, la réalité humaine. »[2]

Selon Sartre, l'existence intervient avant la définition de soi. Cela suppose donc que l'homme est responsable de lui-même. Mais, d'après les mots du penseur, « nous ne voulons pas dire que l'homme est

1. Jean-Paul Sartre, *L'Existentialisme est un humanisme*, *op. cit.*
2. *Ibid.*

responsable de sa propre individualité, mais qu'il est responsable de tous les hommes. »[1] Cette responsabilité semble être au fondement du titre « Ici-bas » de Mylène Farmer : « Marie qui voit / Du haut de son donjon / Colonies de pantins / De pauvres hères »[2]. On retrouve la même idée dans « Rêver », à travers le couplet « Les anges sont las de nous veiller / Nous laissent comme un monde avorté / Suspendu pour l'éternité / Le monde comme une pendule / Qui s'est arrêtée »[3]. La responsabilité en effet est l'apanage de l'être humain, et la croyance en des puissances supérieures (Dieu, Marie, des anges) ne peut servir à se déresponsabiliser. Si le monde va mal, c'est uniquement la faute des hommes.

La morale ne dépend donc pas de Dieu mais du libre arbitre humain : « l'existentialisme [...] pense qu'il est très gênant que Dieu n'existe pas, car avec lui disparaît toute possibilité de trouver des valeurs dans un ciel intelligible ; il ne peut plus y avoir de bien *a priori*, puisqu'il n'y a pas de conscience infinie

1. *Ibid.*
2. Mylène Farmer, « Ici-bas », compo. Laurent Boutonnat, Mylène Farmer, Polydor/Universal Music, sur *Monkey Me*, 2012.
3. Mylène Farmer, « Rêver », compo. Laurent Boutonnat, Mylène Farmer, Polydor/Universal Music, sur *Anamorphosée*, 1995

et parfaite pour le penser ; il n'est écrit nulle part que le bien existe, qu'il faut être honnête, qu'il ne faut pas mentir, puisque précisément nous sommes sur un plan où il y a seulement des hommes. »[1] Du point de vue farmerien, cela revient à dire que chaque homme a en lui un possible qui le rapproche de la notion du bien ou de celle du mal. De là la dualité qui s'exprime pleinement dans « Sans logique » ou « Diabolique mon ange ». De là aussi l'idée que les institutions (l'Église), avec ses espaces matériels (l'église), son fonctionnement (le clergé) et ses dogmes ne représentent pas de véritables liens spirituels avec le divin : les multiples détournements dont l'artiste fait preuve tout au long de sa carrière visent cette dénonciation. L'épanouissement personnel, qui mène au bonheur, est donc à chercher ailleurs, dans le travail de l'esprit.

1. Jean-Paul Sartre, *op. cit.*

2. L'ESPRIT EST PLUS FORT : LE VOYAGE SPIRITUEL

En 2021, Mylène Farmer crée la surprise en participant à un projet piloté par la maison d'édition J'ai lu : elle réalise les illustrations de couverture de dix ouvrages réédités à l'occasion des 60 ans de la collection « Aventure secrète ». Il s'agit d'un ensemble de livres ésotériques proposant une introduction à différents savoirs fondamentaux visant l'éveil et le travail de l'esprit. « Faire appel à Mylène Farmer s'est imposé comme une évidence, peut-on lire dans le communiqué de presse, tant ses valeurs, son talent et sa sensibilité font écho à l'esprit de la collection. Discret et élégant, le travail de cette artiste internationale tissera un lien fort et précieux entre littérature, spiritualité et création. »[1]

1. Communiqué de presse de J'ai lu, « Aventure secrète avec Mylène Farmer », 2021.

Et l'artiste n'en est pas à son coup d'essai. Outre *Lisa-Loup et le conteur*, elle a illustré *L'Étoile polaire*, conte philosophique de Michel Onfray en 2015.

Le rapport à la spiritualité est partie intégrante de ses différents projets, et cela s'exprime d'abord dans l'évolution de sa discographie. Quand l'album *Anamorphosée* sort dans les bacs en 1995, c'est un tournant manifeste dans son œuvre. À travers ses textes, Mylène Farmer semble plus apaisée, plus *zen* que dans ses précédents opus. Le ton a changé, même si les mêmes thèmes sont exploités : la mort, le sens de l'existence la sexualité... « Le manque de spiritualité est probablement dangereux, explique-t-elle alors à *L'Express*. Je pense qu'il faut élever l'esprit, changer les comportements, faire don de soi, mais sans forcément célébrer un dieu ou une religion. »[1] *Innamoramento*, quatre ans après, poursuit l'exploration, nous entraînant en Asie, en Égypte, nous dirigeant vers ce message que la chanteuse scande depuis bien des années : l'amour ne peut être que la réponse à chacun de nos maux.

Si Mylène Farmer attaque les idoles religieuses, questionne les dogmes, pointe du doigt les dérives de l'Église, c'est pour mieux valoriser une philosophie de

1. Mylène Farmer, interrogée par Gilles Médioni, « Mylène mystique », dans *L'Express*, 2 novembre 1995.

vie qu'elle fait émerger dès le milieu des années 1990. Il n'est pas que question d'un dieu quel qu'il soit mais d'une valorisation d'une disposition de l'esprit pour apprendre à s'élever individuellement. Les exercices qui y sont rattachés, comme la méditation, peuvent trouver leur place dans la sphère religieuse, mais pas seulement. C'est également une démarche paganiste (mais non religieuse) et qui a trouvé sa place dès l'Antiquité, chez les penseurs grecs notamment.

L'invitation au voyage

« Vertige », sur *Anamorphosée*, indique déjà une étape de cette démarche, marquant un glissement subtil de l'existentialisme sartrien à une forme de philosophie bouddhiste : vivre crée le vertige, et c'est à travers l'expérience de pensée qu'il est possible de développer ses sens, d'aller « plus loin, plus haut », d'atteindre son « astre » et « l'extase et l'immensité »[1], c'est-à-dire une vision du monde par l'éveil spirituel, qui s'approcherait d'une sorte de nirvana symbolique. Les références au *Livre tibétain de la vie et de*

1. Mylène Farmer, « Vertige », *op. cit.*

la mort sont déjà présentes dans ce titre, notamment à travers le terme d'*impermanence* pour caractériser l'existence : « De nouvelles influences nous auront affectés, au gré des circonstances, écrit en effet Sogyal Rinpoché. Nous sommes impermanents. Les influences sont impermanentes. Et il n'existe rien que l'on puisse qualifier de stable ou de durable. »[1]

Dix ans plus tard, le voyage reprend, plus limpide que jamais, à travers l'intégralité de l'album *Interstellaires*. Mylène Farmer nous emmène dans l'espace côtoyer les étoiles. On a souvent lu dans ce titre une référence au long métrage *Insterstellar* de Christopher Nolan, peu ou prou confirmé par Mylène Farmer. Le symbole est comparable : c'est l'idée d'évasion de soi, de monter *plus haut*, d'atteindre ce « monde meilleur »[2] pour *recommencer*. Nous ne sommes manifestement pas à bord d'une fusée spatiale : il est bien question de l'élévation spirituelle, seul moyen d'observer le monde et de s'observer soi-même en épousant la notion d'immensité qui caractérise la vie.

---

1. Sogyal Rinpoché, *Le Livre tibétain de la vie et de la mort*, *op. cit.*

2. Mylène Farmer, « Interstellaires », compo. Mylène Farmer, Martin Kierszenbaum, Polydor/Universal Music, sur *Interstellaires*, 2015.

Atteindre l'idéal platonicien

Pour s'élever spirituellement, il est nécessaire de se défaire des choses matérielles. C'est tout le sens du titre « Mylène s'en fout », où l'artiste se livre dans l'intimité : « Des améthystes / Mylène s'en fout / L'éclat du chic / Mylène s'en fout / Le jade est un joyau bien plus doux / Au creux du nombril / Mylène nue en dessous »[1]. La nudité dont il est question renvoie non pas au corporel mais à la pureté spirituelle, défaite des *a priori*. Et le jade, dont il ne faut pas retenir ici la préciosité pécuniaire, est le symbole de l'éternité ou de l'immortalité – la pierre était notamment employée dans ses rites funéraires antiques en Chine et dans d'autres civilisations[2].

La déconnexion du matériel marque le début du voyage vers le monde des Idées, un concept nécessairement hérité de Platon, que l'on considère comme le premier philosophe occidental à avoir abordé la notion d'idéalisme – bien que le terme même lui ait

1. Mylène Farmer, « Mylène s'en fout », compo. Laurent Boutonnat, Mylène Farmer, Polydor/Universal Music, sur *Anamorphosée*, 1995.

2. Lire notamment Gernot Giesler, « Les symboles de jade dans le taoïsme », dans *Revue de l'Histoire des religions*, tome 105, n° 2-3, 1932 ; Solange Cruveillé, Félix Jun Ma, *Jade, or, porcelaine... Objets précieux dans le monde chinois d'hier et d'aujourd'hui*, Presses Universitaires de la Méditerranée, Montpellier, 2021.

été associé bien plus tard par Leibniz. Selon la pensée du philosophe, le monde est séparé en deux : d'un côté le sensible (ce que l'on connaît, ce que l'on peut percevoir), de l'autre l'intelligible, qui caractérise les Idées (ou Formes), c'est-à-dire la connaissance et ce que l'on peut concevoir – il défend en fait l'idée d'une rationalisation de la pensée : la science permet d'atteindre le monde intelligible. Mais plus globalement la connaissance du monde permet d'en comprendre le sens et donc, par définition, de se sortir des méandres du matériel.

Les philosophes idéalistes

Depuis Platon, plusieurs doctrines idéalistes se sont développées chez différents penseurs, et particulièrement à partir des modernes, permettant d'ajouter au concept émergeant dans l'Antiquité des surcouches d'analyses :

› l'aspect critique et méthodique de Descartes : l'accès au monde idéal (celui des Idées) doit se faire par le rationnel, seul moyen de distinguer le vrai du faux ; sa démarche se base ainsi sur le principe du doute, c'est-à-dire sur l'intuition[1] : c'est en faisant table rase de nos jugements

1. René Descartes, *Discours de la méthode*, Hachette, Paris, 2012 (1637 pour l'édition originale).

(nos préjugés) que nous sommes en mesure d'atteindre la vérité;

› la notion de *monades* qui, chez Leibniz, constituent des unités non matérielles, d'ordre spirituel, composant le monde, « les véritables atomes de la nature en ce qu'elles sont des unités indivisibles »[1]; par notre liberté individuelle et notre capacité à apprendre de l'expérience, nous sommes en mesure de percevoir ce qui existe en dehors de nous (hors de la monade), et cela est possible par la connaissance;

› pour Berkeley, la connaissance n'est possible que par la perception – son idéalisme subjectif repose ainsi sur sa thèse de l'immatérialisme, selon laquelle toute chose existante n'est qu'une représentation mentale de cette même chose, prouvant donc qu'il n'existe dans le monde que des êtres spirituels[2].

L'éveil spirituel selon Bouddha

Pour atteindre cet idéal, Mylène Farmer aborde les choses par l'entrée des philosophies asiatiques, dont de nombreux parallèles émaillent son œuvre. Et

1. Caroline Anglereaux, « La simplicité monadique chez Leibniz », dans *Philonsorbonne*, 12, 2018.

2. George Berkeley, *Principes de la connaissance humaine*, Flammarion, Paris, 1993 (1710 pour l'édition originale).

c'est *Le Livre tibétain de la vie et de la mort* qui nous en donne le sens : « si nous souhaitons mourir bien, nous devons apprendre à vivre bien : pour avoir l'espoir d'une mort paisible, il nous faut cultiver la paix, dans notre esprit comme dans notre manière de vivre. »[1]

Mylène Farmer ne délivre pas de méthode stricte d'apprentissage du bien-vivre, comme la méditation par exemple, mais elle indique, à travers ses textes, un semblant de voie vers cette forme d'élévation spirituelle. La mort, explique Sogyal Rinpoché, n'est jamais qu'un miroir de la vie. Elle est un *bardo*, une notion du bouddhisme tibétain qui représente un état spirituel transitoire. Il en existe quatre :

- la vie elle-même (de la naissance à la mort) ;
- la mort ;
- le moment immédiat qui suit l'instant de la mort ;
- la renaissance.

Déconnectée de messages strictement religieux, la conceptualisation des *bardos* peut aider chacun de nous à intégrer la mort comme un processus naturel et positif, et non l'interruption brutale (et stérile) de la vie. Le message, déjà abordé en contradiction avec la violence des dogmes chrétiens, invite à donner du

1. Dalaï-Lama, avant-propos à Sogyal Rinpoché, *Le Livre tibétain de la vie et de la mort*, *op. cit.*

sens à sa vie, de la valeur, en la rendant exemplaire à nos propres yeux. Par opposition à la violence des hommes, qui s'exprime dans nombre de clips, ce sont les vertus qui doivent donc être valorisées. Et le titre « Méfie-toi » nous livre quelques clés de cette démarche. Chacun, d'abord, est responsable de ses actions, par l'effet de son libre arbitre (sa liberté individuelle) : « Mon karma est tenace / On est selon "Bouddha" / Héritier de nos actes »[1].

Dans cette perspective, Mylène Farmer nous dit que « les chemins sont multiples »[2] : le libre arbitre influe nécessairement sur le karma, et donc sur notre capacité individuelle à nous éveiller spirituellement. Cet éveil marque la victoire du spirituel sur le matériel : « L'esprit fort est le roi / Il règne ainsi sur la matière »[3]. On replonge de fait dans l'idéalisme platonicien : se défaire de la matière pour embrasser la connaissance – le monde des Idées –, seule possibilité d'accomplissement.

1. Mylène Farmer, « Méfie-toi », compo. Mylène Farmer, Polydor/Universal Music, sur *Innamoramento*, 1999.

2. Mylène Farmer, « Méfie-toi », *op. cit.*

3. *Ibid.*

L'histoire de Siddhartha Gautama Bouddha

Le karma, dans le bouddhisme notamment, correspond à la somme des actes présents, passés et futurs d'un être sensible : notre vie passée a une incidence sur notre vie actuelle. La référence à Bouddha n'est pas innocente ; elle renvoie à un titre donné à ceux qui ont atteint la sagesse, et donc le nirvana, par l'éveil – c'est-à-dire l'ascension, l'illumination (le *bodhi*).

Le bouddha originel, Siddhartha Gautama Bouddha, qui vécut aux VIe-Ve siècles avant J.-C., représente le modèle spirituel par excellence[1] : il est considéré comme le premier à être parvenu à cet état, après une période d'ascétisme, la compréhension de ce qu'est la souffrance et la pratique de la méditation. Après son éveil, il a transmis sa connaissance aux hommes, dont les quatre nobles vérités.

1. La vie et ce que l'homme connaît sont souffrance.
2. La souffrance provient de la soif humaine.
3. Il faut agir sur les origines de ces souffrances pour y mettre fin.
4. Pour atteindre le nirvana, l'homme doit vivre de manière correcte, sans excès.

---

1. Lire notamment Cécile Becker, *Le bouddhisme. Retracer l'histoire, comprendre les fondements et découvrir les pratiques de la religion bouddhique*, Eyrolles, Paris, 2016.

Le cycle de la vie

L'exploration ésotérique se poursuit dans « Méfie-toi », avec un passage appuyé par l'égyptologie. Mylène Farmer y fait une référence au tarot divinatoire égyptien, qui nous renvoie directement au mystique et au travail de l'esprit : « Et quand l'esprit, frappe / C'est un fouet qui, claque / Méfie-toi quand même / C'est la onzième, lame / Majeur est, l'arcane / Vierge iconoclaste »[1]. Sans les références, le texte est particulièrement ambigu. Une lame correspond à une carte spécifique, et la onzième représente « la force, c'est-à-dire la volonté dirigée ou l'esprit, liée à l'"âme pure". Sur la carte figure d'ailleurs une vierge (le signe astrologique de Mylène) domptant un lion. »[2]

Revient ensuite dans la chanson le fameux « I.A.O. » qui ponctue les couplets : « I.A.O. est le Dieu suprême des gnostiques (sectes religieuses des trois premiers siècles de notre ère qui fondaient le statut de l'homme sur un rejet de la matière et sur une connaissance supérieure des choses divines). [...] Dans le *Liber IV*[3],

---

1. *Ibid.*

2. Benoît Cachin, *Mylène Farmer. Au fil des mots*, *op. cit.*

3. Le *Liber IV* est un ouvrage d'Aleister Crowley, auteur occultiste britannique, qui porte le projet mystique de sa doctrine ésotérique, le Thelema, notamment à travers l'analyse des cartes divinatoires.

Crowley parle ainsi de la formule “I.A.O” : « Cette formule est la principale et la plus grande caractéristique d’Osiris, de la rédemption de l’humanité. “I” pour Isis, la Nature, ruinée par “A”, Apophis le Destructeur, et ramenée à la vie par “O”, Osiris le Rédempteur. »[1] Ces références renvoient donc ici au cycle de la vie, à travers le déroulement fragmentaire de la cosmogonie égyptienne. Là encore, l’idée n’est pas de valoriser des croyances ou des pratiques religieuses mais de jouer sur les symboliques pour en faire émerger un positionnement spirituel.

Il prendra encore une autre forme dans le clip de « C’est dans l’air », selon les interprétations de certains amateurs – non confirmées par l’artiste elle-même. La vidéo semble jouer sur les symboles géométriques fondamentaux mayas, mis en évidence tout au long de la chanson : « le centre se définit comme foyer d’intensité dynamique, le centre des centres étant Dieu. [...] Point étendu et deuxième symbole fondamental, le cercle symbolise l’homogénéité, le temps, voire, chez les Babyloniens, le cosmos. Troisième des quatre symboles fondamentaux, la croix connecte le cercle et le carré entre eux par l’intersection de ses deux droites coïncidant avec le centre. Symbole de

1. Benoît Cachin, *op. cit.*

la Terre, de l'union des contraires (terre et ciel), des quatre points cardinaux et de la totalité du cosmos, la croix se distingue également par l'essence qu'en ont faite certaines religions. [...] Enfin, le carré représente la Terre, l'opposition au ciel et au créateur. Le cercle exprime les quatre phases du mouvement cyclique, alors que la Terre mesurée par ses quatre horizons est carrée. »[1]

On retrouve là encore le lien au cycle de la vie, au cosmos. Mais pourquoi donc ? Ces représentations symboliques, tout comme celles du tarot égyptien, nous renvoient à l'essence de l'humanité. L'exercice spirituel visant l'élévation, en se défaisant de la matière, nous plonge par définition dans un fondamental que la méditation, par exemple, peut nous amener à percevoir : sortir de son corps (matière) pour penser l'univers (intelligible) et revenir dans son corps avec une connaissance de soi-même et de son environnement (illumination).

1. Eymeric Manzinali, « Mylène Farmer – Coma extatique », sur www.mylene.net, mai 2009 pour discordance.fr (consulté en juin 2022).

En quête de l'essence spirituelle

Comment accéder à l'éveil spirituel ? Il existe de multiples démarches (ou méthodes) avancées par différentes philosophies, peu ou prou connectées à la sphère religieuse. À travers les titres de Mylène Farmer, il est possible de faire émerger une voie.

1. Il faut se méfier des puissances, c'est-à-dire du rapport au pouvoir, ainsi que de l'aisance, c'est-à-dire du luxe stérile (« Mylène s'en fout », « Méfie-toi ») : ce sont des principes de l'ascétisme et de la voie de Bouddha selon lesquels les excès doivent être évités.
2. Il faut prendre garde à nos travers humains : la violence gratuite, mais également tous les défauts listés dans « C'est dans l'air » – vanité, trahison, lâcheté, délation, cruauté, calomnie, âpreté, infamie ; par opposition, ce sont donc les vertus qu'il faut valoriser, dans la plus pure acceptation aristotélicienne, c'est-à-dire « ce juste milieu qui permet à chacun de vivre avec bonheur tout en tenant compte des autres. »[1] Elles correspondent, selon André Comte-Sponville, à « la politesse, la

1. Michel Meyer, « L'éthique selon la vertu : d'Aristote à Comte-Sponville », dans *Revue internationale de philosophie*, 2011/4, n° 258.

fidélité, la prudence, la tempérance, le courage, la justice, la générosité, la compassion, la miséricorde, la gratitude, l'humilité, la simplicité, la tolérance, la pureté, la douceur, la bonne foi, l'humour et l'amour »[1].

3. Il faut refuser les idoles religieuses et les dogmes rédhibitoires, et notamment dans le rapport à la sexualité : contrairement à nombre de philosophes – notamment les stoïciens – et de religieux, Mylène Farmer ne prêche pas pour une condamnation de la passion sexuelle, bien au contraire : l'exploration de nos sens peut justement nous diriger vers le chemin de l'élévation spirituelle et ouvrir à une plus grande tolérance à l'égard d'autrui.
4. Il faut emmagasiner les connaissances, de manière à faire de l'esprit une « arme redoutable »[2], rejoignant ainsi l'argument platonicien.
5. Nous devons embrasser une philosophie de l'action. Même face à l'adversité, quand on se trouve dans une situation à « se prendre des coups »[3], il faut apprendre à se relever, « se battre pour ses

---

1. André Comte-Sponville, *Petit Traité des grandes vertus*, Presses Universitaires de France, Paris, 1995.

2. Mylène Farmer, « Méfie-toi », *op. cit.*

3. Mylène Farmer, « Tomber sept fois », compo. Laurent Boutonnat, Mylène Farmer, Polydor/Universal Music, sur *Anamorphosée*, 1995.

rêves »[1] – Mylène Farmer reprend ici la sagesse d'un haïku populaire : « Telle est la vie : tomber sept fois, se relever huit ».

6. Il faut embrasser notre insouciance d'enfant et maintenir notre bulle de rêve individuelle, notre imaginaire, en suivant les pas tracés par Saint-Exupéry (« Dessine-moi un mouton »).

Tous ces points visent le même objectif, relevé par Albert Camus : donner du sens à son existence, c'est se tourner vers l'autre, lui tendre la main, entrer dans la solidarité humaine, c'est-à-dire être dans une démarche d'amour à l'égard d'autrui.

---

1. *Ibid.*

Mylène

Mylène

Révolution des fesses : Histoires de… sexe

Au milieu des années 1980, le nom de Mylène Farmer commence à tourner sur la scène musicale française. Mais la chanteuse n’a pas encore fait grand bruit. Trois singles sont déjà sortis et ont recueilli un succès plutôt relatif, marqué par l’échec particulièrement cuisant d’« On est tous des imbéciles ». C’est avec « Libertine », en 1986, que la « machine Mylène » est réellement lancée. Le texte sulfureux fascine d’emblée et sa mise en image, dans un clip / court métrage inspiré de *Barry Lindon* de Kubrick, marque les esprits. L’artiste affine également son style physique. Elle est désormais rousse, dans une société partiellement traversée par des stéréotypes négatifs : la rousseur des cheveux est encore associée à l’image de la femme tentatrice, diabolisée, comme chez Süskind. Mais cela va plus loin : le jeu de la provocation est bien plus marqué que dans « Maman a tort » et « Plus grandir » et, d'office, Mylène Farmer assume un look parfaitement androgyne.

C'est une révolution. Le clip suggère toute une série de problématiques dont la société ne s'est pas encore tout à fait emparée : la mise en valeur de la sexualité et la force féminines – dans cette vidéo, ce sont les femmes qui détiennent le pouvoir –, la non-binarité et l'évocation de rapports homosexuels – Mylène Farmer séduira un homme, habillée en homme –, la représentation de l'acte sexuel à l'écran, qui réaffirme un texte sans faux-semblants : évocation du corps féminin, du coït, de la liberté sexuelle, de la fellation, du goût du sperme. Les paroles, qui ne sont pas une création originelle de Boutonnat[1], sont parfaitement réécrites et, tout comme « Pourvu qu'elles soient douces » en 1989, ce texte tout en métaphores évite la brutalité de la censure. Nombre

1. Peu de gens savent que « Libertine » n'est pas une création originale de Laurent Boutonnat et Mylène Farmer. La chanson, à la base titrée « L'amour tutti frutti », a été composée par Georges Sibold pour les paroles et Jean-Claude Déquéant pour la musique. Le texte a été entièrement réécrit et la musique rock transformée en pop pour s'adapter à l'univers Farmer. Pour l'anecdote, en 1986 l'artiste déclarait que, durant la session d'enregistrement, elle avait chanté les paroles « Je suis une pute », qui devinrent « Je suis une catin » : « Mylène Farmer – Libertine – Histoire (chanson, single) », sur www.mylene.net (consulté en août 2022).

de personnes – et aujourd'hui encore – l'écouteront ainsi avec plaisir et danseront sur son rythme sans avoir réellement conscience du sujet abordé.

C'est le commencement d'une grande aventure pour la chanteuse. Elle fait bouger les lignes, certes, mais est surtout à l'avant-garde de toute une génération de défenseurs de certains droits sociaux, dans le féminisme et le monde LGBT – rappelons que les homosexuels étaient victimes d'une discrimination légale jusqu'en 1982 et que la non-binarité était un non-sujet pour la société des années 1980-1990. Ses textes, ses clips, son look, ses prises de parole, son univers en général ont permis de faire émerger un ensemble de réflexions sur les théories du genre (*gender studies*) alors même que la France, au regard des États-Unis notamment, était en retard sur le sujet.

Être libre sexuellement et assumer son identité de genre sont deux choses radicalement différentes, mais qui se rejoignent dans les pupilles dilatées du puritanisme traditionaliste. Mylène Farmer s'est battue sur ces sujets depuis le tout début de sa carrière. Son affirmation comme *icône gay* n'est jamais que la célébration d'une communauté de fidèles ravie qu'une personnalité publique ait osé aborder ces questionnements fondamentaux sur la scène musicale pop.

1. LA RÉVOLUTION SEXUELLE DANS TOUS SES ÉTATS

Mylène Farmer est réputée pour ses textes jugés parfois subversifs et ses représentations choquantes. Comme sur le sujet de la religion, elle a fait de multiples fois les frais de la censure – le clip de « Libertine » par exemple – et ce jusque dans les années 2000 : ce fut le cas d'une publicité de trente secondes visant à promouvoir l'album *Avant que l'ombre...*, qui fut interdite de diffusion à la télévision car considérée trop sulfureuse (on y voyait une paire de fesses dénudée). L'artiste a très tôt affirmé son opinion sur ce type de question : « L'idée de censure, même auto, me révulse. S'interdire de dire les choses n'est pas une solution. Les tabous ont toujours empêché d'aller de l'avant. »[1]

1. Mylène Farmer, interrogée par Fabrice Guillermet pour *Télé 7 Jours*, 30 octobre 1995.

Et force est de constater que les références au sexe sont devenues dans son œuvre une véritable arme contre le puritanisme abscons. Ses évocations sans détour et les thèmes qu'elle aborde frontalement, sans rougir, participent à cette entreprise, par exemple l'éjaculation précoce (« Pas de doute ») ou l'utilisation assumée des sextoys (« Sextonik »).

Au-delà du cycle Libertine, le sexe émaille toute sa carrière, que ce soit dans les textes ou les clips : évocations du coït ou de n'importe quel acte sexuel, images de nudité, rapport au religieux... Et cette attention révèle un décalage fondamental entre le spirituel et la chair : là où de nombreuses religions ou philosophies morales défendent la pureté de l'esprit par le refus de la luxure, bien souvent permise par une forme d'ascétisme, Mylène Farmer se positionne tout autrement. Le bouddhisme et le stoïcisme, par exemple, perçoivent le sexe comme un danger pour l'homme et promeuvent au contraire le désaveu des passions destructrices, seul moyen d'accéder respectivement au nirvana et à l'état d'ataraxie – la paix de l'âme, qui est le chemin du bonheur.

L'obscène à la façon de Sade

Mylène Farmer est-elle l'héritière du Marquis de Sade ? En partie, et tout au moins dans son début de carrière, dont le cycle Libertine apparaît comme un certain hommage à l'écrivain et philosophe. En outre, elle reprend du penseur, largement décrié à son époque, certaines mécaniques sur lesquelles elle a construit son discours provoquant :

- décrier les dogmes et détourner le concept religieux de *luxure*, dans une volonté anticléricale particulièrement forte : coucher avec le Diable (« Vieux bouc », clip de « Je te rends ton amour »), avec Dieu (« L'annonciation »), avec un prêtre (« Agnus Dei ») sont autant de récits mis en poésie où s'exprime avec violence la défiance à l'égard du puritanisme de l'Église ;
- la mise en scène brute de la sexualité (« Libertine », « Beyond My Control », « Q.I »...), et en particulier de ce que les moralistes pourraient juger comme déviance : la sodomie (« Pourvu qu'elles soient douces »), l'effacement des codes de genre dans le rapport sexuel (clip de « Que mon cœur lâche »), le sexe à plusieurs (clip de « Dégénération »)...
- le détournement radical des « bonnes vertus », et notamment celles des dogmes catholiques, avec

la mise en scène de personnages sexuellement violents où s'exprime une forme très affirmée de concupiscence : on le perçoit notamment dans les scènes orgiaques des clips de « Libertine » et « Pourvu qu'elles soient douces » ; et c'est au cœur de cette société pervertie par le désir de la chair qu'elle incarne un personnage traversé par l'innocence, à l'image de l'héroïne de *Justine ou les Malheurs de la vertu* de Sade.

Comme lui, elle questionne des notions qui relèvent là encore de la philosophie morale ou théologique, à savoir le vice, l'obscène, l'anathème. Et comme chez Sade, l'imagerie érotique – ou pornographique – n'est jamais qu'un prétexte à parler des travers de notre société. Sade est considéré comme un philosophe de l'esprit des Lumières[1] et derrière ses textes subversifs se révèlent des questionnements fondamentaux, notamment sur notre contrat social. À travers l'expression du plaisir érotique, l'écrivain interroge l'état de nature, les inégalités de pouvoir et les classes sociales, admettant que Dieu n'est qu'une idole pour les hommes, qui n'a donc pas vocation à réglementer

1. Jean Deprun, « Sade et le rationalisme des Lumières », dans *Raison présente*, n° 3, 1967.

les comportements sociaux. « Vice et vertu [...] ne sont en dernière analyse que des formes d'adaptation au monde. La corruption des hommes engendre celle du monde à laquelle en retour les hommes doivent se soumettre par nécessité. [...] La société transforme en pauvres et en riches ceux que la nature a créés faibles ou forts. La division en classes n'est que la forme historique d'une inégalité de nature. La société évoquée [dans *Justine*] est à l'image de l'état de nature tel que le peignait Hobbes. »[1]

Quelle est la théorie de Thomas Hobbes ? Selon lui, l'état de nature – état théorique avant le développement de la société – est une « guerre de chacun contre chacun »[2]. D'après sa logique, la société doit donc être sécuritaire pour lui permettre de gérer les dérives et de rester saine. Rousseau s'opposera à cette conception : l'état de nature est pour lui marqué par l'innocence individuelle, et le modèle social ne peut qu'être celui de la souveraineté des peuples.

---

1. Jean-Marie Goulemot, Préface à Sade, *Les Infortunes de la vertu*, Flammarion, Paris, 2014 (1787 pour l'édition originale).

2. Thomas Hobbes, *Léviathan*, Folio, Paris, 2000 (1651 pour l'édition originale).

L'ombre des Lumières derrière Sade

Derrière le libertinage, c'est la libre pensée qui est mise en valeur. Et le message de Mylène Farmer prend ainsi ses sources dans les mouvements intellectuels correspondant, entamés au XVIIe siècle. Sade, tout comme Laclos, par exemple, prônent les plaisirs physiques, exagérant les traits en s'amusant de la dépravation. Derrière ces représentations, c'est l'ordre établi qui est violemment critiqué : l'autorité religieuse, mais aussi le pouvoir politique. Leur idéologie se rattache au relativisme éthique, c'est-à-dire l'idée que la morale ne peut être universelle puisqu'elle est dépendante de la culture d'un groupe. C'est l'une des oppositions entre les matérialistes et les idéalistes comme Kant.

La conception libertine intellectuelle trouve du sens au XVIIIe siècle chez les Lumières. Le matérialisme permet à nouveau d'émettre des critiques en direction des instances de pouvoir, dans un objectif de rationalisation. C'est la notion de libre-pensée, déconnectée du religieux, de la morale et de la philosophie : la pensée est en mesure de se développer par l'expérience individuelle, par la raison et la logique.

Diaboliser pour s'élever spirituellement

Dans son œuvre, Mylène Farmer ne fait pas de philosophie politique, mais sa manière d'aborder le sexe, et particulièrement dans les clips, est comme chez Sade révélatrice d'un certain regard sur la société : chaque personnage monstrueux témoigne justement de son inhumanité face à un être ingénu, et qui se laisse bien souvent envahir à son tour par le plaisir érotique. C'est l'héroïne de « Plus grandir », ou encore celle de « Pourvu qu'elles soient douces » qui incarne la Justine de Sade. C'est aussi l'ange de « Que mon cœur lâche », qui perçoit que le plaisir n'est en soi pas problématique mais que c'est le jugement moral (religieux) qui y est apposé qui en exprime les modalités. Et c'est encore la religieuse de « Je te rends ton amour » qui nous fait comprendre, à la manière du *Maître et de Marguerite* de Boulgakov[1], que les idoles ne sont que des représentations humaines et que la spiritualité n'est pas contenue dans les notions de Dieu et de Diable.

---

1. Dans *Le Maître et Marguerite*, Mikhaïl Boulgakov aborde une satire violente du régime soviétique et s'amuse à repenser l'histoire de Jésus en l'associant directement au Diable, avec cette question sous-jacente : le bien et le mal n'ont-ils pas, au fond, la même origine ?

La diabolisation du sexe dont témoigne Mylène Farmer prend ses sources dans le canon catholique – la référence aux *Diables* de Kurt Russel est sur ce point représentative. Mais pas seulement : ce n'est pas tant la religion que la morale qui est mise en question car le rapport à l'érotisme, une notion strictement humaine, suppose une forme de transgression plus ou moins forte par rapport à une norme établie[1]. Cette transgression, perçue comme telle par les personnes investies dans l'acte ou la pensée érotique, nous mène à une expérience qui nous renvoie certes à notre propre nature, mais qui est également en mesure de nous élever spirituellement. C'est là probablement la nuance la plus marquée avec la pensée matérialiste de Sade. Et c'est là aussi que la chanteuse s'éloigne des thèses de nombreux philosophes et religieux mettant la vertu à l'honneur comme un fondamental humain. À leur opposé, Mylène Farmer valorise l'érotisme comme une expérience positive car il est :

- le symbole de la fusion amoureuse, comme dans le clip de « Q.I » ;
- un marqueur de liberté, soit dans la représentation qu'on a de son propre corps (le strip-tease du

1. Lire notamment André Comte-Sponville, *Le Sexe ni la mort*, Albin Michel, Paris, 2013.

clip de « L'amour n'est rien »), soit dans le choix conscient de sa marchandisation (la prostitution sous-entendue dans « Appelle mon numéro ») ;
- l'expression de l'exploration sensorielle individuelle, par opposition à l'imagerie pornographique délétère, idée notamment avancée dans « Porno graphique », ou plus généralement à la concupiscence pour la concupiscence : le thème était déjà abordé à travers les scènes d'orgie du clip de « Libertine ».

Transgression et érotisme

La partie de l'œuvre de Mylène Farmer qui s'intéresse à la sexualité tient donc pleinement de la notion d'érotisme et non de la pornographie : « l'érotisme, explique André Comte-Sponville, relève davantage d'une forme d'esthétisation de la sexualité alors que la pornographie relève davantage de son exploitation immédiate au service du plaisir [...] ou au service plus banalement du marché. [...] Un acte est érotique quand on fait l'amour pour faire autre chose que pour faire des enfants, quand on jouit de cette transgression mais également quand on jouit du désir lui-même. [...] Bien loin de vouloir aller au plaisir par le plus court chemin, l'érotisme consiste à inventer des détours, à faire durer le désir plutôt qu'à le satisfaire immédiatement. L'érotisme est un art de désirer plutôt qu'un art de jouir. »[1] L'idée de transgression, qui suppose l'interdit et le maintient à la fois, s'exprime lui aussi de manière flagrante dans l'univers de Mylène Farmer. Le clip de « Beyond My Control » reprend ainsi les mécaniques de Sade et des œuvres de Georges Bataille où la transgression, dans son expression ultime, renvoie à la torture et / ou à la mort. Boutonnat et Farmer ont employé la métaphore du loup pour suggérer la morsure sanglante que les deux personnages s'échangent dans cette vidéo entrecoupée de scènes de coït. La symbolique est ici celle de l'appropriation de l'autre par l'ingestion, une représentation de la sexualité par l'acte cannibale[2]. Et la mort sur le bûcher signe le point final de cette transgression.

---

1. André Comte-Sponville, interrogé par Adèle Van Reeth, « Les chemins de la philosophie : philosophie du sexe », sur www.radiofrance.fr, mai 2017 (consulté en juillet 2022).

2. Ce sujet a été étudié par de nombreux psychanalystes. Sigmund Freud a notamment analysé le phénomène d'avalage du sein matrimonial par l'enfant en ce sens : *Trois essais sur la théorie sexuelle*, Payot, Paris, 2014 (1905 pour l'édition originale). Le clip peut également être une référence à l'histoire de « l'Homme aux loups », un patient névrosé suivi par Freud : *Cinq psychanalyses*, Payot, Paris, 2017 (1935 pour l'édition originale).

Le clip est probablement l'un des plus violents de la filmographie de Mylène Farmer. Mais le transgressif n'est pas toujours abordé dans des représentations qui tiennent de l'obscène. Dans son œuvre, il est plutôt perçu comme un élément positif et structurant de l'érotisme, dont l'intention est guidée par et vers le sentiment amoureux. Que l'on revienne aux clips de « Libertine » et « Pourvu qu'elles soient douces », derrière la crudité des corps, l'apparente violence de l'acte sexuel, qui semble justement complètement transgressif et dénué d'émotions, c'est bien l'amour qui prime à la fin – bien qu'il soit, selon la tradition romantique, nécessairement fatal. Le premier duel entre les deux femmes, clin d'œil à *Barry Lyndon* et aux *Liaisons dangereuses* de Laclos, vise ainsi à les départager pour l'amour du Marquis. Le sentiment amoureux est alors symbolisé par la délicatesse des gestes entre les amants, par opposition à la concupiscence des hommes de cour et des soldats. Et la scène où le capitaine de *Pourvu qu'elles soient douces* recueille Libertine blessée marque le moment clé du clip, l'instant de bascule entre la crudité sexuelle (pornographie) et l'instant de délicatesse amoureuse (érotisme).

2. QUEER ET *GENDER* AVANT L'HEURE

Mylène Farmer, donc, ne parle pas tant de sexe que d'érotisme. Elle fustige en interview et dans ses textes l'idée de pornographie, affirmant sans détour qu'« il n'y pas d'porno chic »[1]. Son univers a ainsi longtemps été comparé à celui de Madonna, à l'image de titres sensuels tel « Erotica ». Mais il y a une autre intention derrière les paroles et les clips, qui s'attachent moins à un discours sur la sexualité au sens strict que sur la liberté individuelle. En ce sens, des chansons comme « Libertine » ou « Sans contrefaçon » véhiculent une forme de propos politique, massivement récupéré depuis les années 1980 par des minorités, et en particulier la communauté homo.

---

1. Mylène Farmer, « Porno graphique », compo. Laurent Boutonnat, Mylène Farmer, Polydor/Universal Music, sur *Avant que l'ombre...*, 2005.

La dimension philosophique s'exprime dans différentes idéologies qui épousent ce qu'on appelle les *gender studies*, une approche pluridisciplinaire qui s'est développée au milieu du XXe siècle aux États-Unis et qui s'intéresse aux normes de genre, aux rapports sociaux entre les individus, dans une volonté notamment de déconstruire le sexe et le genre. L'œuvre de Mylène Farmer est imprégnée de la théorie *queer*, qui renvoie à « toute pratique transgressant les classifications en vigueur, les représentations traditionnelles, les normes sexuelles. Les transsexuel(le)s, les travesti(e)s hétérosexuel(le)s, les bisexuel(le)s, les sadomasochistes sont autant pris en compte que les lesbiennes et les gays. Ces catégories sont à la fois contestées et jouées, instrumentalisées. En critique et théorie littéraires, le "queer" dépasse alors la simple étude de l'homosexualité dans la littérature : il débusque ce qui est "pervers" dans les textes, il étudie les stratégies par lesquelles les œuvres subvertissent les catégorisations sexuelles et le système de genre. »[1]

Depuis la décennie 2010, la société française s'est emparée de la question du *genre* et le terme a été largement banalisé. Mais à la fin des années 1980, c'est une

1. Samuel Minne, « "Queer Readings" : lectures de la différence », sur www.fabula.org, cité dans Pascale Macary-Garipuy, « Le mouvement "queer" : des sexualités mutantes ? », dans *Psychanalyse*, 2006/3, n° 7.

autre affaire : le *gender* est encore une notion d'universitaires, bien que des ouvrages tels *Le Deuxième Sexe* de Beauvoir (1949) aient déjà interrogé l'opinion publique. De ce point de vue, Mylène Farmer est une précurseuse, et le succès de ses chansons depuis les débuts prouve qu'elle a participé à la démocratisation de concepts *queer*.

Un caméléon androgyne

Revenons au premier grand tube de Mylène Farmer : quand le clip de « Libertine » est dévoilé sur le petit écran, il choque l'opinion et attire sur lui des regards de curiosité. Outre l'atmosphère à la *Barry Lyndon*, outre les scènes de sexe explicites et les plans de nudité – notamment de l'artiste elle-même –, la chanteuse incarne un personnage auquel elle n'avait pas habitué le public jusqu'alors. Elle porte des attributs masculins hérités de la noblesse moderne : pantalon semi-dissimulé sous de hautes bottes de cavalier, chemise bouffante à fraise surmontée d'un gilet... Ses cheveux sont coiffés en queue-de-cheval, mettant en valeur un visage androgyne. Ce style « à la garçonne » marquera les esprits. Dans *Libertine*, le personnage sait tirer à l'arme, participe à des défis, une activité très masculine aux XVIIe-XVIIIe siècles, et se différencie dans ses comportements des autres femmes participant à l'orgie. Plus clairement, il bascule en permanence du féminin au masculin, sans s'arrêter sur un genre en particulier. Le travestissement sert le texte libertaire, mais pas seulement. En séduisant le Marquis, Libertine s'amuse à brouiller les pistes : son amant, incarnation virile par excellence, est-il attiré par la représentation féminine ou masculine – ou les deux à la fois ?

Sans le dire clairement, Mylène Farmer aborde un thème à la source de nos constructions sociales, depuis au moins la Haute Antiquité : non pas les rapports femmes / hommes – pas encore – mais les symboliques de genre, à la source des normes de sexes. Il y est bien question de travestissement, largement assumé, mais pas seulement : l'androgynie, qui s'amuse de l'ambiguïté de l'apparence physique, soulève, si ce n'est le sujet de la transidentité, au moins celui de la non-binarité. En d'autres termes, Libertine est dans sa représentation à la fois femme et homme, en même temps ou par alternance, ou aucun des deux. Aujourd'hui la société s'est largement emparée de ce thème[1]. Mais à la fin des années 1980,

1. Lire notamment Lexie, *Une Histoire de genres. Guide pour comprendre et défendre les transidentités*, Marabout, Paris, 2021.

l'aborder ouvertement sur des chaînes de télévision grand public n'est pas anodin. Si les bouleversements politiques induits par l'élection de Mitterrand insufflent alors un vent de liberté au sein de la population française, le travestissement reste encore une pratique foncièrement marginale. La décennie permet néanmoins le déclic – il suffit pour s'en convaincre de voir le succès d'un titre comme « Troisième sexe » d'Indochine, ou celui de l'album *Love on the Beat* de Gainsbourg dont la pochette présente la photo du chanteur travesti en femme.

« Sans contrefaçon », premier extrait du deuxième album de Mylène Farmer, marquera les esprits deux ans après « Libertine ». Le texte reprend l'imaginaire des XVIIe-XVIIIe siècles en s'attachant cette fois à une figure historique, quasi légendaire : le chevalier d'Éon, espion et diplomate travesti qui travailla notamment au service de Louis XV. Et la chanteuse d'exprimer simplement la nuance de taille entre le sexe biologique (« Dis, maman, pourquoi je suis un garçon ? »[1]) et le sexe social, c'est-à-dire le genre, qui ne peut s'assumer que par une décision strictement personnelle (« Puisqu'il faut choisir / À mots doux je peux le dire / Sans contrefaçon /

1. Mylène Farmer, « Sans contrefaçon », compo. Laurent Boutonnat, Mylène Farmer, Polydor/Universal Music, sur *Ainsi soit je...*, 1988.

Je suis un garçon »[1]). L'idée de non-binarité est alors affirmée par le terme de *caméléon*, auquel la chanteuse répond par une force de tempérament : moquons-nous des critiques, des « qu'en dira-t-on »[2], assumons-nous tels que nous sommes.

De fait, depuis cette époque, Mylène Farmer n'a eu de cesse de s'amuser du flou des genres, que ce soit en interview, dans les clips, sur scène, et en particulier en interprétant « Sans contrefaçon » : look androgyne durant le Tour 89, danseurs costumés en drag-queens en 1996 et 2013, en tutus en 2009 et 2019...

L'icône gay

Ce titre, pourtant, n'est pas devenu un hymne trans mais un hymne gay. Et l'explication est principalement historique et socioculturelle. À la fin des années 1980, la communauté homo vit une surmédiatisation, en comparaison à l'invisibilité des personnes *gender fluid*. L'épidémie de Sida ravage la communauté. On parle sans rougir de « cancer gay » et une association caricaturale entre la maladie et la sexualité des hommes gays se développe dans l'opinion publique. Mylène Farmer

1. *Ibid.*
2. *Ibid.*

arrive sur la scène musicale française à un moment clé, où la communauté a un fort besoin de visibilité, de reconnaissance, d'affirmation identitaire pour se défendre de la diabolisation du grand public. Et, après « Maman a tort », que beaucoup lurent (de manière en partie erronée) comme une chanson sur l'amour saphique, après l'imagerie subversive de « Libertine », « Sans contrefaçon » lui permet d'épouser d'emblée la sub-culture[1] homo. Le clip n'y est pas pour rien : le personnage de Mylène est représenté par une poupée sans sexe dont le marionnettiste tombera follement amoureux. Et c'est sans compter le groupe de travestis qui ouvre la vidéo... En outre, un peu moins de dix ans plus tard, le single deviendra la chanson titre du film *Pédale douce*, énorme succès du box-office 1996, qui a largement contribué à la visibilité de la communauté homo. Le style « à la garçonne » est repris pour la promotion de l'album *L'autre...* et le clip de « Désenchantée » présente de nouveau ce personnage ambigu, sans sexe... Les paroles, qui sous-tendent l'idée de révolte, le besoin de bouger les codes, ont également pu avoir un écho au sein d'une communauté alors en besoin de reconnaissance.

1. En sociologie, on parle de *sub-culture* (ou sous-culture) pour exprimer l'idée d'une culture développée au sein d'une minorité, qui a une représentation identitaire, par contradiction ou en accompagnement de la culture dite normée ou normative, c'est-à-dire du plus grand nombre.

La culture gay lue par Foucault

La notion de sub-culture embarque justement avec elle toute la dimension philosophique et idéologique des études de genres. Le philosophe Michel Foucault, à l'origine d'une *Histoire de la sexualité* (publiée dès 1976), qui a eu un impact fondamental chez les théoriciens, est l'un des premiers à avoir souligné ce lien, sans l'exprimer directement. Et il s'est présenté comme un détracteur des opposants à l'homosexualité vécue comme un acte ou une pulsion contre nature : « Ce vers quoi vont les développements du problème de l'homosexualité, c'est le problème de l'amitié. [...] C'est l'une des concessions que l'on fait aux autres que de ne présenter l'homosexualité que sous la forme d'un plaisir immédiat, de deux jeunes garçons se rencontrant dans la rue, se séduisant d'un regard, se mettant la main aux fesses en s'envoyant en l'air dans le quart d'heure. On a là une espèce d'image proprette de l'homosexualité, qui perd toute velléité d'inquiétude pour deux raisons : elle répond à un canon rassurant de la beauté, et elle annule tout ce qu'il peut y avoir d'inquiétant dans l'affection, la tendresse, l'amitié, la fidélité, la camaraderie, le compagnonnage, auxquels une société un peu ratissée ne peut pas donner de place sans craindre que ne se forment des alliances, que ne se nouent des lignes de force imprévues. »[1]

1. Michel Foucault, *Dits et écrits*, tome IV, Gallimard, Paris, 1994.

La récupération de l'icône Farmer par la communauté homo, et particulièrement masculine, s'explique d'un point de vue socio-anthropologique, historique et philosophique. Au fil des siècles, et particulièrement à partir du XXe siècle, elle s'est affirmée par contradiction à la norme, récupérant de la majorité normée une catégorisation initialement péjorative, dont une intention de démasculinisation qui a notamment trouvé un écho dans les pratiques de travestissement[1]. D'un point de vue philosophique, cette intention interroge sur :

- l'existence individuelle : que suis-je et comment est-ce que je me construis, en tant qu'individu, en tant qu'être sexué ?
- le fonctionnement de la société, et donc le contrat social, tant en termes législatifs (mariage, PMA, GPA...) que structurels (le duo femme / homme comme unité nucléaire de base dans la plupart des sociétés) ;
- le rapport à la morale et à la religion : la *déviance* par rapport à la norme est-elle acceptable ? N'est-ce pas justement l'existence de cette déviance, c'est-à-dire la marginalisation, qui renforce d'autant nos normes sociales ?

1. On peut prendre un autre exemple avec l'utilisation du langage : *pédé*, ou *fagg* aux États-Unis, sont des insultes qui ont été récupérées par la communauté dans un but d'affirmation identitaire.

Avec ses looks à la garçonne dans les années 1980, Mylène Farmer a incarné d'entrée de jeu le possible d'un transfert identitaire de la communauté. Ses prises de position, directes ou indirectes, y ont également participé : lutte contre le Sida, prises de parole médiatiques sur l'homosexualité et notamment sur le mariage et l'adoption – « Je ne pense pas que cette question du mariage pour tous doit être regardée du point de vue de la morale. La Déclaration des droits de l'homme commence par : "les hommes naissent et demeurent libres et égaux en droits." De nombreuses personnes ont payé au prix de leur vie pour que ce principe soit appliqué. Mon point de vue est sans ambiguïté : je préfère un mariage gay à un mariage triste. [...] Si c'est le droit pour des orphelins d'investir un foyer chaleureux, c'est un progrès. L'amour panse les plaies quand il est réel et authentique. »[1] Il n'est dès lors pas étonnant qu'elle soit devenue une icône par excellence.

Le détournement des normes de genre n'est pas dirigé vers la communauté homo masculine, bien que la récupération y ait été manifeste. En 2012, la chanteuse interprète « Elle a dit », un hommage vibrant

1. Mylène Farmer, interrogée par Jérôme Béglé, dans *Têtu*, n° 184, janvier 2013.

– non confirmé par l'artiste – à la bande dessinée de Jul' Maroh, *Le Bleu est une couleur chaude* (2010), adaptée en long métrage par Abdellatif Kechiche (*La Vie d'Adèle* en 2013). La chanson, qui ouvre l'album *Monkey Me*, a quelque chose d'inaugural car c'est la première de tout son répertoire à traiter ouvertement d'homosexualité. Le texte est relativement court mais sonne presque comme un manifeste de bienveillance à l'égard de l'homosexualité, au regard d'une société qui peine à effacer ses jugements moraux : « Elle a dit qu'elle aime / Elle a dit aussi le monde est tel / Que l'on fuit le bruit et les sarcasmes / Elle aimait sa vie / Et c'est son charme »[1]. Le message transmis est d'autant plus fort que le titre est sorti alors que la société française était traversée par des débats parfois houleux sur le mariage entre personnes de même sexe. Bien que l'artiste ait affirmé ne pas avoir écrit les paroles dans une intention politique, il n'en reste pas moins que ce hasard contextuel, s'il en est, a mis en lumière cette idéologie.

1. Mylène Farmer, « Elle a dit », compo. Laurent Boutonnat, Mylène Farmer, Polydor/Universal Music, sur *Monkey Me*, 2012.

« Qu'ils aillent tous se faire foutre »

Mais le discours de l'artiste ne se limite pas à un message de bienveillance à l'égard des homos, trans et non-binaires. Il est bien plus large que cela. Et là encore elle épouse une forme de philosophie de l'action sur tout sujet touchant à la question *queer*[1] en général. « Libertine » défendait la liberté sexuelle, mais aussi la liberté de disposer de son corps. « Déshabillez-moi », en 1988, reprend cette idée, mais en faisant un hommage plus qu'appuyé à Juliette Gréco, interprète de ce titre féministe en 1967 qui créa un véritable scandale. L'affirmation de la sensualité féminine se poursuit dans des titres comme « Appelle mon numéro », dans le clip strip-tease de « L'amour n'est rien » ou dans les paroles de « Love Dance » avec un clin d'œil à Marilyn Monroe (« Happy birthday to you »[2]). Et c'est sans compter les hommages à certaines figures féminines, qu'elles soient assumées (Frances Farmer, Greta Garbo, Virginia Woolf)

1. Le terme *queer* est ici employé pour caractériser l'ensemble des mouvements et individus entrant dans la théorie *queer*, associée directement aux *gender studies*. Cela inclut donc, de manière non restrictives, les mouvements féministes et LGBTQIA+.

2. Mylène Farmer, « Love Dance », compo. Laurent Boutonnat, Mylène Farmer, Polydor/Universal Music, sur *Monkey Me*, 2012.

ou suggérées dans les textes (Etty Hillesum et Emily Dickinson notamment).

Quand, en 1995, Mylène Farmer revient sur le devant de la scène, c'est une métamorphose : les images promotionnelles la montrent lumineuse, et l'atmosphère musicale a changé. « XXL » s'ouvre sur des riffs de guitare électrique appuyés, plus rock, moins pop, avec un titre[1] et un texte féministe très engagé. La chanteuse dresse un portrait non exhaustif de différentes femmes, affirmant sans détour qu'elles sont « toutes les mêmes »[2] et veulent « de l'amour XXL »[3]. Le message engage à assumer son identité au détriment des critiques émanant de la sphère sociale, et les thèmes abordés pêle-mêle soulèvent des sujets qui animent l'opinion publique : le droit à l'avortement, la prostitution, le culte de la minceur, les écarts de richesse...

L'œuvre de Mylène Farmer entre de plein fouet dans la philosophie féministe, héritage de Beauvoir qui s'est

---

1. Le titre « XXL » repose sur un jeu de mot entre la dénomination des chromosomes sexuels féminins (XX), l'assonance *elle* qui renvoie au pronom féminin, et le terme *XXL* qui englobe l'idée de grandeur.

2. Mylène Farmer, « XXL », compo. Mylène Farmer, Laurent Boutonnat, Polydor/Universal Music, sur *Anamorphosée*, 1995.

3. *Ibid.*

développé à travers la *French Theory*[1]. L'idée n'y est pas tant de dénoncer le patriarcat et la domination masculine, deux points acceptés de fait, mais de réfléchir à la notion d'identité – donc au rapport existentiel – en s'appliquant à déconstruire les notions de genre et de sexe. La chanteuse s'affirme alors, pour employer les mots utilisés par la philosophe Geneviève Fraisse pour se définir elle-même, comme « une colporteuse du féminisme, figure contemporaine [qui] pratique le parcours individuel dans une histoire collective, à ce moment-là de l'histoire, celle en train de s'écrire à la fin du XXe siècle, au début du XXIe siècle. »[2]

Or, outre l'affirmation d'une liberté individuelle à vivre sa sexualité, et ses hommages à de grandes figures féminines, Mylène Farmer s'est engagée, dans ses chansons, contre les violences faites aux femmes. Le message politique est esquissé dans certains de ses clips (ceux de « Plus grandir », « California », « Comme j'ai mal », « L'Âme-stram-gram » notamment). Mais c'est la chanson « Fuck them all » – traduisons « Qu'ils aillent tous se faire foutre » – qui marque un véritable

1. La *French Theory* est un mouvement intellectuel qui s'est développé à partir des années 1970 dans le monde autour de différents penseurs, en particulier français et américains, parmi lesquels Simone de Beauvoir, Judith Butler, Michel Foucault, Jacques Derrida, Claude Levi-Strauss, Gilles Deleuze, Jacques Lacan.

2. Geneviève Fraisse, *Féminisme et philosophie*, Folio, Paris, 2020.

engagement, si ce n'est militant, tout au moins politique. Et les premiers pas du single ont fait du bruit au sein même de la communauté de fans, dont certains, choqués par l'utilisation du terme *fuck*, n'y ont lu que de la provocation gratuite[1].

Dans ce texte, l'artiste fustige le patriarcat reposant sur les codes de genre hérités de la religion (« Et “Marie” est martyre »[2]), la domination masculine qui a marqué l'Histoire (« Au temps des favorites ») et qui s'exprime dans les codes érotiques (« Sur les murs nos soupirs »). Elle emploie également le champ lexical du combat pour affirmer l'idée d'une Histoire en mouvement et pour porter sa philosophie de l'action, image que l'on retrouvera dans le personnage combattant du clip. Et le pont, tout en anglais, se veut un pied de nez à ceux qui véhiculent ces formes de domination – et notamment dans des clips où des personnages féminins passent pour des femmes-objets : « Hey Bitch, you're not on the list / You Witch ! You suck, you bitch ! (they said) / Hey Bitch, you're not on the list / What's your name again ? »

1. « Mylène Farmer – Fuck them all – Histoire », sur www.mylene.net (consulté en juillet 2022).

2. Mylène Farmer, « Fuck them all », compo. Laurent Boutonnat, Mylène Farmer, Polydor/Universal Music, sur *Avant que l'ombre…*, 2005. *Ibid.* pour les citations suivantes.

À l'aube du mouvement pro-sexe

La philosophie a toujours éprouvé de vives difficultés à parler de sexualité, au profit d'autres notions qui l'encadrent, comme l'amour et la morale. Antiques et modernes ont privilégié un discours prônant les vertus de l'être humain au rang desquels l'érotisme est aux abonnés absents. L'influence des épicuriens et des stoïciens ainsi que des différentes religions a été décisive sur ce point. L'abus de plaisir ne *peut*, dans cette perspective, permettre l'élévation spirituelle, voire il l'en empêche. Mylène Farmer pourtant fait un lien métaphorique entre sexe et philosophie « Mes moindres soupirs / Se métaphysiquent »[1]. Qu'y a-t-il derrière cette idée ?

Le féminisme moderne, né au lendemain de la révolution sexuelle des années 1960, a permis de questionner non seulement les normes de genre mais aussi les normes de sexualité. Et la philosophie féministe a ainsi ouvert à différentes voies où le militantisme s'exprime au sein de communautés se reconnaissant d'une identité commune. Parmi elles, le mouvement pro-sexe, ou sexpositif, promeut une libéralisation

1. Mylène Farmer, « L'amour n'est rien », compo. Laurent Boutonnat, Mylène Farmer, Polydor/Universal Music, sur *Avant que l'ombre...*, 2005.

de la sexualité à laquelle l'œuvre de Mylène Farmer semble tout justement répondre.

Le mouvement sexpositif

Présenté comme culturel et philosophique, le mouvement sexpositif s'est développé à la toute fin des années 1990. Le Centre pour la Culture Sexpositive (CSPC), fondé en 1999, se donne pour objectif d'« encourager l'exploration et la célébration des différentes facettes de la sexualité humaine […], éduquer, faciliter l'expression et le dialogue sur le sexe de manière ouverte et consensuelle […]. En tant que partisans de la culture sexpositive, nous pensons que l'appropriation individuelle de la sexualité va au-delà de la reproduction. Elle inclut le développement du plaisir personnel, le développement de relations interpersonnelles, la promotion de l'élévation spirituelle, et l'amélioration de la santé mentale et physique. Dans un monde sexpositif, chacun a la liberté et les ressources pour mener une vie sexuelle épanouissante et stimulante. »[1]

1. Présentation des missions du centre, sur https://thecspc.org (consulté en juillet 2022). Lire également Allena Gabosh, Jeremy Shob (dir.), *Sex Positive Now. Everything You Need to Know About Sex Positivity*, Jeremy Schub Counselling, 2019.

Des titres comme « Q.I » ou « L'amour n'est rien », qui promeuvent une sexualité libre et un érotisme puissant, entrent de plein fouet dans l'idéologie sexpositive. Dans cette perspective, le sexe permet l'élévation spirituelle par le jeu de l'expérience, la prise de conscience de la complexité de son propre corps et des possibilités quasi infinies qui en découlent. Le plaisir érotique est perçu comme essentiel à l'être humain, ou tout au moins l'une de ses caractéristiques fondamentales (« Sans sexe je m'exsangue »[1]).

Mylène Farmer rejoint ici la pensée de Michel Onfray, qui promeut une forme d'hédonisme libertin : « Le libertin, au sens premier du terme, désigne l'affranchi qui ne place rien au-dessus de sa liberté. Jamais il ne reconnaît aucune autorité susceptible de le coiffer, ni sur le terrain de la religion, ni sur celui des mœurs. Toujours il vit selon les principes d'une morale autonome le moins possible indexée sur celle, dominante, de l'époque et de la civilisation dans laquelle il se meut. Ni les dieux ni les rois ne parviennent à l'entraver – encore moins, donc, un ou une partenaire dans une histoire amoureuse,

1. Mylène Farmer, « L'amour n'est rien », *op. cit.* S'exsanguer signifie perdre son sang. La métaphore ici est double : elle renvoie à la mort du corps mais aussi à l'idée de se défaire symboliquement de son essence naturelle.

sensuelle, sexuelle ou ludique. Ainsi, dans l'esprit du terme, le libertinage – cet art de rester soi dans la relation à autrui – trouve singulièrement sa forme première dans le matérialisme hédoniste épicurien, et plus précisément dans le grand poème de Lucrèce *De la nature des choses.* »[1]

La sexualité participe ainsi à la recherche du bonheur, mais de manière indirecte : c'est la notion de liberté individuelle qui permet réellement d'atteindre cet état. La sexualité apparaît alors comme une mécanique possible et libératoire dans la quête personnelle d'un état supérieur. Or, Mylène Farmer assène que « C'est son Q.I qui me lie / À lui pour la vie entière »[2]. Le plaisir érotique est possible, ou tout au moins décuplé par le sentiment amoureux. Et c'est là, sans doute, le message principal de l'artiste.

---

1. Michel Onfray, *Théorie du corps amoureux*, Grasset, Paris, 2000.
2. Mylène Farmer, « Q.I », *op. cit.*

MF

Mylène

Se révolter, c'est aimer

Derrière le thème de la sexualité se déploie tout un univers riche en symboles, en représentations, qui permet d'accéder à une forme d'accomplissement de soi. L'amour, chez Mylène Farmer, constitue un fondamental humain, qui s'égrène depuis les années 1980 et s'est particulièrement ramifié au tournant 1999/2000 avec l'album *Innamoramento*. Il n'est guère surprenant que cet opus traite également en profondeur du sujet de la spiritualité, dans la continuité d'*Anamorphosée*. Le sentiment amoureux s'exprime dans son œuvre comme la solution idéale à la quête spirituelle et existentielle : si j'admets que j'existe, malgré l'absurdité du monde, quoi d'autre mieux que l'amour est donc en mesure de donner du sens, de la valeur à ma vie ?

L'amour, ainsi, répond à l'angoisse de la finitude, même s'il n'en règle de fait pas les problématiques existentielles. Il sacralise la perte des proches puisqu'il donne du sens à notre relation avec l'Autre. Il nous transporte dans une expérience transcendantale – proche du divin – en traversant un flot d'émotions, dont l'amour naissant (« *innamoramento* » en italien) situe le point d'origine. Il dénonce les idoles religieuses, privilégiant une pensée bouddhiste, ou platonicienne, exupérienne ou plus génériquement spirituelle : en s'ouvrant à autrui (amant, conjoint, ami, famille, inconnu...), chacun de nous est en mesure d'adopter une attitude non plus de résilience mais de bienveillance, de délicatesse, de douceur[1]. C'est en d'autres termes ce que Camus entend par le terme de *révolte*, en réaction à l'absurde : la solidarité entre les hommes est la seule réponse possible, satisfaisante, sensée, qui peut émaner de l'être humain.

1. Jacqueline de Romilly a travaillé sur le thème de la douceur en Grèce antique, avançant l'argument que la civilisation s'était construite sur la dualité violence/douceur. Elle la définit comme « une attitude humaine [qui] relève du domaine de l'éthique » et intègre les notions de « gentillesse des manières, bienveillance envers autrui, générosité, bonté, indulgence, compréhension, humanité, charité, tolérance, clémence » : *La Douceur dans la pensée grecque*, Hachette, Paris, 1995.

1. UNE PHILOSOPHIE DE L'AMOUR

Quand on pense au sujet de l'amour dans l'univers Farmer, un grand nombre de chansons nous vient à l'esprit. Et l'approche de l'artiste sur cette question n'a cessé d'évoluer depuis les premiers albums. S'il était associé à la tradition romantique jusque dans *L'autre...*, il est ensuite abordé d'un point de vue plus spirituel, comme l'une des étapes principales de l'ascension individuelle. La chanteuse s'est alors incarnée, dans les représentations, comme une sorte de messie de l'amour, à travers notamment le projet *The Farmer Project*, dans « City of Love », ou encore dans le clip de « Rolling Stone » où elle incarne une sorte de « punisher of love », selon les mots de la réalisatrice[1], qui semble libérer l'amour sur son passage.

---

1. Carole Denis, interviewée pour le documentaire « Mylène Farmer : un retour très attendu ! », émission *Absolument Stars*, diffusé sur M6, mars 2018.

Amour et philosophie : un bon mariage ?

Qu'est-ce l'amour a à voir avec la philosophie ? Pas grand-chose, d'après les mots de Voltaire qui l'a évoqué dans son *Dictionnaire* comme une « matière peu philosophique »[1]. Mais tous les penseurs ne sont pas d'accord avec lui. Le sujet a en fait questionné les hommes depuis l'Antiquité au moins – on trouve d'ailleurs dans les dialogues de Platon plusieurs théories sur cette notion. Et les Grecs anciens avaient déjà développé toute une réflexion sur les nuances entre l'*éros* (l'amour érotique, passionnel), la *philia* (l'amitié, la camaraderie) et l'*agapé* (la douceur, la charité), dont les sociétés occidentales actuelles sont directement tributaires. Et ces dernières fonctionnent sur le rapport de complétude qui s'exprime dans le couple – longtemps hétéronormé –, unité fondamentale à la survie de la communauté. En Grèce antique, le ventre des femmes était sacralisé au même titre que l'arme l'était pour les hommes, car les femmes donnaient naissance à de nouveaux soldats, en mesure de pérenniser la cité. Si le glissement entre les mariages arrangés et les mariages d'amour (ou en tout cas par consentement) s'est amorcé dans de nombreuses sociétés au cours du Moyen Âge, il n'en reste pas moins qu'au regard des mécaniques vitales d'un contrat social, être célibataire n'est pas vu autrement qu'un instant transitoire avant de former cette union fondamentale.

---

1. Voltaire, *Dictionnaire philosophique*, Le chasseur abstrait, Los Gallardos, 2005 (1764 pour l'édition originale).

La notion d'amour est ainsi entrée dans une forme de sacré puisqu'elle légitime – de manière inconsciente et parfois hypocrite – l'attente de la construction d'une vie de famille.

Mais le sujet est multiple et traverse chaque individu en mesure de développer sa pensée : l'amour est-il une construction sociale, c'est-à-dire que mon animal domestique qui, je n'en doute pas, est attaché à moi, ressent-il une forme d'amour comparable à celle que j'ai pour lui ? Si ce n'est qu'une utopie, est-ce donc l'aboutissement de l'idéal humain, cette idée de grandeur, qui nous permet de nous placer au-dessus du règne animal en embrassant une destinée spirituelle (le Surhomme de Nietzsche) ? Des figures comme Gandhi le laissent penser. De même, aimer plusieurs personnes à la fois est-il contradictoire (le trouple, le couple libre, par exemple) ? L'amour n'est-il que la pulsation vibrante des débuts (l'amour naissant, l'*innamoramento*) ou une vie de couple entière, avec ses éventuels désagréments ?

Toutes ces questions – et il y en beaucoup d'autres – démontrent à quel point la notion d'amour est au socle de nos sociétés, qu'elle les traverse, y fait écho à d'autres notions, et notamment métaphysiques. Aux antipodes de la pensée de Voltaire, l'amour est donc un sujet philosophique important, voire indispensable à la compréhension du fonctionnement humain.

La complétude par la passion

Mylène Farmer aborde la question de l'amour par strates. Si son tout premier single affirme l'idée de la simplicité du sentiment amoureux (« J'aime l'infirmière maman »[1]), il s'impose en réalité comme une forme de fatalité. Il est inévitable et transcende nécessairement celui qui le ressent. Il faudra attendre la période *Innamoramento* pour saisir toute la portée philosophique du message farmerien. L'amour est une puissance vive à laquelle l'homme est complètement assujetti, comme s'il perdait son libre arbitre (« Je n'ai pas choisi de l'être », « Tout se dilate et cède à tout »[2]). Il est violent, presque destructeur, comme l'illustre le titre « Je te rends ton amour » où le personnage qui aime, être métaphorique enfermé dans une toile de peinture, souffre de ne plus être la muse de son artiste.

Cette violence s'exprime indépendamment de la raison (« Simplement je n'aurais / Su taire / Le bruit qui est en… toi »[3]), mais elle est bénéfique. Elle

1. Mylène Farmer, « Maman a tort », *op. cit.*

2. Mylène Famer, « Innamoramento », compo. Mylène Farmer, Laurent Boutonnat, Polydor/Universal Music, sur *Innamoramento*, 1999.

3. Mylène Farmer, « Peut-être toi », compo. Laurent Boutonnat, Mylène Farmer, Polydor/Universal Music, sur *Avant que l'ombre…*, 2005.

exalte, traverse l'homme et donne du sens à sa vie (« Là, pourtant / Le jour s'est levé / Pour éclairer le monde / Comme avant / L'amour est onde »[1]). Elle sublime chaque instant, « rend tout plus beau »[2]. Elle panse les plaies et constitue ainsi une réponse directe à la mélancolie (« Tous les maux sont les mêmes »[3]).

Le romantisme amoureux

L'amour passionnel, presque destructeur, est hérité du romantisme. Pour Victor Hugo, par exemple, « l'amour, c'est l'absolu, c'est l'infini ; la vie, c'est le relatif et le limité. De là tous les secrets et profonds déchirements de l'homme quand l'amour s'introduit dans la vie. Elle n'est pas assez grande pour le contenir. »[4] En tant qu'absolu, il dépasse la morale. Et c'était tout à fait la crainte exprimée par Kant : « On voit facilement que les passions, – par le fait qu'elles peuvent se concilier avec la réflexion la plus tranquille et ne doivent pas être inconsidérées comme l'émotion, qu'elles ne sont ni impétueuses ni passagères, mais qu'elles peuvent s'enraciner et se concilier avec le raisonnement, – portent

1. Mylène Farmer, « Et pourtant... », compo. Mylène Farmer, Laurent Boutonnat, Polydor/Universal Music, sur *Avant que l'ombre...*, 2005.

2. Mylène Farmer, « Oui mais... non », *op. cit.*

3. Mylène Farmer, « Aime », compo. Laurent Boutonnat, Mylène Farmer, Polydor/Universal, sur *Avant que l'ombre...*, 2005.

4. Victor Hugo, « Moi, l'amour, la femme », dans *Œuvres complètes. Océan*, Robert Laffont, Paris, 2002 (1870).

la plus grande atteinte à la liberté, et que si l'émotion est une ivresse, la passion est une maladie, qui résiste à tous les moyens thérapeutiques, et qui est pire que tous ces mouvements passagers de l'âme, qui du moins excitent la résolution de l'améliorer, tandis que la passion est un enchantement qui exclut l'amélioration morale. »[1]

Kant, pour qui la morale doit être élevée au-dessus de l'homme, perçoit donc la passion comme une maladie, c'est-à-dire un mouvement du corps écrasant et dangereux. C'est la nuance que les philosophes, psychologues et anthropologues dessinent entre « l'amour-passion (qui est un amour-désir), l'amour-affection (qui est l'amour proprement dit) et l'amour-action (qui devient bonté et générosité). »[2] Ce trio complémentaire est hérité de « la distinction classique *éros-philia-agapè* à ceci près que l'amour-action au sens où nous l'entendons n'a rien de l'amour universel et abstrait de l'*agapè* »[3].

Cette passion brutale, idyllique, romantique, renvoie au duo fondamental, lui aussi imprégné des figures antiques, et qui se justifie socialement et historiquement – il faut être deux biologiquement pour fonder une société. Il marque ainsi symboliquement

---

1. Emmanuel Kant, *Anthropologie d'un point de vue pragmatique*, trad. Joseph Tissor, Librairie philosophique de Ladrange, Paris, 1863 (1798 pour l'édition originale).

2. Vincent Citot, « Origine, structure et horizon de l'amour », dans *Le Philosophoire. L'Amour*, 2000/1, n° 11.

3. Vincent Citot, *op. cit.*

l'instant de fusion complète : fusion du corps, comme dans le clip de « Q.I », mais aussi fusion de l'âme, malgré l'éloignement ou la disparition : c'est l'image de l'ADN, du sang et du partage du corps (« Je te dis tout »), qui renvoient au fantasme du dédoublement amoureux platonicien.

C'est le principe du mythe de l'androgyne qui nous enseigne, « par la bouche d'Aristophane, d'une part que l'espèce humaine est mortelle, et d'autre part que les humains doivent s'accoupler pour la perpétuer elle, l'espèce, et non l'individu. »[1] Platon nous livre la version de ce mythe dans le *Banquet*[2]. À l'origine du monde, l'être humain était composé de trois groupes différenciés par leur sexe : féminin, masculin, et les deux à la fois. Chaque humain avait une forme ronde et comptait quatre oreilles, quatre pieds, quatre mains, deux visages. Ils avaient une telle force qu'ils défièrent les dieux. Mais Zeus se vengea : il coupa chaque être en deux, réduisant ainsi leur puissance. L'homme, depuis, est incomplet et cherche en permanence sa moitié perdue.

---

1. Jean-François Rey, « L'épreuve du genre : que nous apprend le mythe de l'androgyne ? », dans *Cités. Genre et sexe : nouvelles frontières ?*, 2010/4, n° 44.

2. Platon, *Le Banquet*, trad. Luc Brisson, Flammarion, Paris, 2016.

Ce récit est comparable au mythe d'Hermaphrodite, fils d'Aphrodite et d'Hermès, dont la naïade Salmacis tomba follement amoureuse. Elle demanda alors aux dieux de les unir à jamais ; depuis ce jour, Hermaphrodite présente les deux sexes – l'union est scellée à jamais.

Le rapport au temps

La passion amoureuse, vive, brutale, renvoie à l'image du coup de foudre, à cet instant brut et évanescent où celui qui la ressent est entièrement transporté, déconnecté du rationnel. Le temps est symboliquement interrompu (« suspendre le temps pour un mot »[1]).

Ce moment court et intense montre que l'amour est lié à une forme de temporalité. Et dans l'œuvre de Mylène Farmer, cette temporalité est multiple. Le passé est omniprésent, sous la forme de souvenirs ou de réminiscences. Il peut renvoyer à l'idée du regret du temps antérieur – c'est tout le sens du duo avec Jean-Louis Murat. Tout être vivant se construit

1. Mylène Farmer, « Innamoramento », *op. cit.*

par l'expérience et l'homme est en mesure d'avoir un regard réflexif sur cette expérience. L'amour, qui se vit avant de se comprendre (amour des parents, premiers amours d'enfance, de jeunesse, premières relations sexuelles...), marque une multitude de points d'ancrage vers lesquels nous nous tournons pour comprendre nos attentes, nos envies, et le sens de nos expériences présentes. Ce regard vers l'arrière, c'est celui du héros Ulysse, revenu de son périple et réinstallé à Ithaque, tel que le philosophe Vladimir Jankélévitch l'a imaginé : « Ulysse antique, une fois de retour, n'a plus rien à souhaiter. Mais Ulysse moderne commence à s'ennuyer dès qu'il est auprès de Pénélope, dans cette maison à laquelle son cœur depuis si longtemps aspirait. Amère dérision ! Ulysse à la table familiale ne mange pas ; il est distrait, rêveur, son regard est absent, son esprit est ailleurs. [...] Assis devant sa princesse prochaine, il songe aux princesses lointaines qu'il a laissées sur sa route. »[1]

Ulysse, au fond, questionne son identité et le sens de son épopée. Et son ennui n'est que l'écho du désœuvrement de sa quête : une fois rentré à Ithaque, auprès de celle qu'il aime, il éprouve le vide et peut

1. Vladimir Jankélévitch, *L'Irréversible et la nostalgie*, Flammarion, Paris, 2011 (1974 pour l'édition originale).

penser à loisir à Calypso ou à Circé qu'il a rencontrées lors de son odyssée. Or, l'amour n'est pas perdu dans le souvenir du passé, il est au contraire sacralisé par le témoignage de ce passé, qui marque la survivance et la permanence de l'autre en soi (« Je serai là pour toi / Et toi en moi »[1]). Le souvenir permet de maintenir la beauté de cet instant (« Un point dans l'univers / It's a love it's everywhere / Jamais / N'oublie pas »[2]).

L'amour, ainsi, est d'abord exalté par le souvenir des instants de joie, comme Mylène Farmer le déroule dans le titre « Aime ». Ce souvenir est celui du commencement : le premier baiser, la première étreinte, la première sensation de volupté, que chacun de nous souhaite reproduire à l'infini. C'est ce que Jankélévitch appelle la « primultime », l'idée que chaque action peut se vivre à la fois comme la première et la dernière, ce qui lui donne de la valeur : « Était-ce Prague ? Était-ce moi ? N'ai-je pas confondu mes souvenirs avec ceux d'un autre ? Il en est ainsi de tout ce qui est advenu une seule fois dans l'éternité, et puis jamais plus. *Nevermore*. Le premier-dernier baiser, la primultime rencontre. Un doute éternel enveloppera dans son linceul d'incertitude ce qui

---

1. Mylène Farmer, « Serais-tu là ? », compo. Mylène Farmer, Polydor/Universal Music, sur *Innamoramento*, 1999.

2. Mylène Farmer, LP, « N'oublie pas », compo. Mylène Farmer, Laura Pergolizzi, Stuffed Monkey/Sony Music, sur *Désobéissance*, 2018.

jamais ne fut réitéré »[1]. C'est l'expérience temporelle de l'irréversible : le moment n'existe qu'une fois, et c'est justement ce qui fait toute sa beauté.

De manière paradoxale et contradictoire, l'amour est aussi étroitement lié à l'idée de la mort, car il suppose symboliquement la notion d'immortalité – la passion absolue, sans limites. Or, la finitude marque l'interruption du corps, donc l'impossibilité d'aimer. De nombreux philosophes et théologiens ont noté ce rapprochement, et Mylène Farmer le suggère (« Mais c'est là l'innamoramento / L'amour, la mort, peut-être »[2]). Ces deux thèmes dirigent la vie humaine : l'amour est placé comme objectif de vie, permettant l'accès au bonheur, quand la mort, elle, est l'aboutissement de cette même vie. Cette contradiction repose en partie sur le développement des mariages d'amour, progressivement séparés de la sphère religieuse : l'union « athée » rejette le réconfort d'une survivance de l'âme au décès du corps[3]. Et la perte de l'autre est en ce sens bien plus terrifiante.

---

1. Vladimir Jankélévitch, cité dans « L'amour », avec Raphaël Enthoven et Adèle Van Reeth, émission « Avoir raison avec Vladimir Jankélévitch », sur www.radiofrance.fr, août 2017 (consulté en juillet 2022).

2. Mylène Farmer, « Innamoramento », *op. cit.*

3. Luc Ferry, « La contradiction entre l'amour et la mort », émission *La révolution de l'amour*, sur www.radiofrance.fr, août 2012 (consulté en juillet 2022).

Mais le lien entre amour et mort est bien plus ancien : il est souligné dans nombre de mythologies à travers le monde. L'amour permet d'une certaine manière l'accès à l'immortalité – Ganymède, amant de Zeus, est transformé en constellation – car l'inverse est inimaginable. Stoïciens et bouddhistes rejettent l'attachement (amoureux notamment) car ce dernier, comme la vie est impermanente, mène à la souffrance et empêche d'être serein face à la mort. Or, à l'inverse, la notion de finitude, puisqu'elle marque nos vies individuelles dans une temporalité finie, imaginable de manière linéaire, pousse chacun de nous à explorer l'illumination, et l'amour permet symboliquement de sortir de soi pour se diriger vers l'autre. De là l'amour romantique, qui est si brûlant, si total, qu'il finit souvent dans la mort. C'est par exemple le dénouement du clip de « Peut-être toi » : si l'un de nous doit mourir, mourons ensemble. C'est, selon Alain Badiou, une représentation artistique dans laquelle « deux amants se sont rencontrés et quelque chose comme un héroïsme de l'Un a eu lieu contre le monde. On remarquera que, très souvent, dans la mythologie romantique, ce point de fusion conduit à la mort. Il y a un lien intime et profond entre l'amour et la mort, dont le sommet est sans doute le *Tristan et Isolde* de Richard Wagner, parce qu'on a consumé l'amour dans le moment ineffable et exceptionnel de la rencontre et qu'après on ne peut plus rentrer dans le monde qui reste extérieur à la relation. »[1]

Le dessein romantique de l'amour, chez Mylène Farmer, imprègne principalement les premières décennies. Si le lien avec la mort est toujours présent dans certains de ses textes, le propos est néanmoins légèrement décalé par rapport à la vision romantique. En réponse au bouddhisme, et indirectement au stoïcisme et à l'épicurisme, l'artiste chante que l'amour, justement, permet de donner du sens à sa vie. C'est là, peut-être, ce qui lui donne le plus de valeur. Et la période *Innamoramento* va sacraliser cette expérience en s'arrêtant sur une temporalité brève qui ouvre à une forme d'illumination personnelle.

L'Amour est spirituel

Si Mylène Farmer évoque le bouddhisme et *Le Choc amoureux* d'Alberoni – *Innamoramento et amore*, qui donne son nom à l'album et à la chanson-titre –, ce n'est pas un hasard : elle dessine un lien puissant

1. Alain Badiou, interrogé par Nicolas Truong, *Éloge de l'amour*, Flammarion, Paris, 2016.

entre les spiritualités zen et la possibilité de s'élever par l'expérience amoureuse. C'est l'image qui se dissimule derrière l'expression des « puissances du dedans »[1], référence directe au livre de Michel Random, dans lequel l'auteur explore la vie de Dietrich. Ces *puissances* relèvent de l'exploration spirituelle, comparable à l'enjeu de surconscience éveillée que permet notamment la méditation. L'amour permet donc d'entreprendre ce voyage pour se détacher de soi et du matériel (« Et ce vol mène / Là, où c'est l'apesanteur »[2]), exploration qu'entreprendra la chanteuse six ans plus tard dans *Interstellaire*.

La capacité que l'amour a à *éblouir* chacun de nous, comme elle l'exprime dans « Love Song », est liée à une forme d'esthétisation de l'émotion : c'est ce qu'on appelle la sublimation, et c'est une notion rattachée indirectement à Platon. Elle est liée à la conception du Beau que le philosophe a développée à travers son idéalisme, ou théorie des Idées. Pour lui, Beau, Bon et Vrai, trois notions intrinsèquement liées, constituent les Idées les plus pures : une action ou un comportement entre dans le Beau quand elle ou il est accompli

1. Mylène Farmer, « L'amour naissant », compo. Laurent Boutonnat, Mylène Farmer, Polydor/Universal Music, sur *Innamoramento*, 1999.

2. Mylène Farmer, « Consentement », compo. Laurent Boutonnat, Mylène Farmer, Polydor/Universal, sur *Innamoramento*, 1999.

avec beauté[1]. Sans ce critère, qui est essentiellement spirituel, la même action n'est ni belle ni non-belle, elle est simplement une action. L'amour – ou l'*éros* – permet, dans cette perspective, de stimuler la soif de connaissance, d'aspirer à la sagesse, c'est-à-dire d'entrer dans le monde des Idées.

Le concept de sublimation, qui n'est néanmoins pas cité par Platon, revient à transformer ses désirs en désirs supérieurs pour accéder au bonheur : « Voilà donc quelle est la droite voie qu'il faut suivre dans le domaine des choses de l'amour ou sur laquelle il faut se laisser conduire par un autre : c'est, en prenant son point de départ dans les beautés d'ici-bas pour aller vers ces beautés-là, de s'élever toujours, comme au moyen d'échelons, en passant d'un seul beau corps à deux, de deux beaux corps à tous les beaux corps, et des beaux corps aux belles occupations, et des occupations vers les belles connaissances qui sont certaines, puis des belles connaissances qui sont certaines vers cette connaissance qui constitue le terme, celle qui n'est autre que la science du beau lui-même, dans le but de connaître finalement la beauté en soi. »[2]

Le rapport à l'esthétique est omniprésent dans l'œuvre de Mylène Farmer, par les formes poétiques

---

1. Platon, *Le Banquet*, *op. cit.*
2. *Ibid.*

de ses textes, ses multiples références artistiques, son univers vidéo très soigné. Et la chanson « Je te rends ton amour » rend plus vibrante encore le lien entre Amour et Beauté, grâce au champ lexical de la peinture et au récit de cette « femme nue debout »[1], mise en scène du personnage peint par Egon Schiele en 1910 (*Nu à la chevelure noire*).

1. Mylène Farmer, « Je te rends ton amour », compo. Laurent Boutonnat, Mylène Farmer, Polydor/Universal Music, sur *Innamoramento*, 1999.

2. LA BATAILLE DE L'AMOUR

Aimer est une expérience active, nécessairement individuelle : il n'existe pas *une* forme d'amour et son expression physique et mentale est spécifique à chaque individu, à chaque situation. C'est donc une aventure personnelle, en mesure de nous hisser chacun en direction de cette ascension spirituelle telle qu'elle a été idéalisée par Platon. Pour autant, il faut être deux pour que l'amour ait du sens – l'amour à sens unique est voué à l'échec. Et c'est donc à travers l'ouverture à l'autre qu'il trouve tout son sens. *Innamomento* a ainsi permis à Mylène Farmer d'aborder cette notion différemment de ses premiers albums, dès lors plus déconnectée de l'utopie romantique et du rapport strict à la mort.

L'*innamoramento*, une révolution à deux

Le livret de l'album *Innamoramento* nous livre les clés de compréhension du disque : « *L'Amour naissant, l'Innamoramento* italien. L'étincelle dans la grisaille quotidienne. Le bonheur mêlé d'inquiétude parce qu'on ignore si ce sentiment est partagé. Un état transitoire qui débouche parfois sur l'amour. Un phénomène comparable aux mouvements collectifs révolutionnaires. »[1] La référence au livre *Le Choc amoureux* du sociologue Francesco Alberoni est limpide. L'opus, donc, et particulièrement les deux titres qui se font écho et multiplient les citations d'Alberoni (« L'amour naissant » et « Innamoramento »), visent à capter ce moment transitoire qui peut déboucher ou non sur le sentiment amoureux. Cet amour naissant exprime toute la violence passionnelle, celle qui trouble Kant en ce qui concerne la question de la morale. C'est l'expérience émotionnelle de l'instant, qui s'étire sur une courte durée.

Pour l'exprimer, Mylène Farmer cite le personnage clé du film de David Lean, *La fille de Ryan*, lui-même adapté de *Madame Bovary* de Flaubert. Dans ce long métrage, Rosie, une jeune Irlandaise mariée, tombe

1. Pochette de l'album *Innamoramento*.

sous le charme d'un major anglais. C'est l'époque de la Grande Guerre et le pouvoir britannique entend unir l'Irlande récalcitrante. Rosie sera accusée d'avoir pactisé avec l'ennemi : son amour est impossible en raison de son entourage social. Et Alberoni fait justement le lien entre cet *innamoramento* et la naissance des mouvements révolutionnaires : « la nature des forces qui se libèrent et qui agissent sont du même type ; de nombreuses expériences, la solidarité, la joie de vivre, le renouveau, sont analogues. Mais il existe une différence fondamentale entre eux : les grands mouvements collectifs impliquent un très grand nombre de personnes et restent ouverts à d'autres individus. Tomber amoureux, au contraire, tout en étant un mouvement collectif, ne concerne que deux êtres seulement ; quelle que soit la valeur universelle qui puisse s'en dégager, son horizon d'appartenance est strictement lié au fait d'être complet, achevé, avec deux personnes et deux seulement. C'est là sa spécificité, sa singularité, ce qui lui confère certains caractères uniques. »[1] De là cette définition avancée par l'auteur : « tomber amoureux est l'état naissant d'un mouvement collectif à deux »[2].

1. Francesco Alberoni, *Le Choc amoureux*, *op. cit.*
2. *Ibid.*

La puissance de l'état naissant s'exprime de manière corporelle et spirituelle. Et la notion d'inconnu (m'aimera-t-il en retour ?) lui confère d'autant plus de valeur ou de sacré. Derrière l'excitation, derrière le tumulte de l'*innamoramento*, subsiste l'espoir, ou l'envie, d'être envahi par l'amour, dans sa pleine puissance romantique. Et Mylène Farmer de chanter : « Ô poussière de sentiment qui devient plaine / Je l'appelle / Tu recouvres l'âme, tu troubles le ciel / Nos veines »[1].

Reconnaître l'inconnu

Le rapport au collectif nous guide vers l'anonyme : cet aimé en devenir, que l'on ne connaît pas encore. Les apostrophes des chansons de Mylène Farmer peuvent être lues comme un « toi » générique qui englobe cette existence attendue ; c'est toute la force de la licence poétique : « Quand ? / Les mots s'arrêtent sur tes lèvres / Dis-moi / Quand ? / Sauras-tu dire / Que nos cœurs ont vu trop / Grand »[2].

---

1. Mylène Farmer, « Toi l'amour », compo. Mylène Farmer, Moby, Polydor/Universal Music, sur *Bleu Noir*, 2010.

2. Mylène Farmer, « Quand », compo. Laurent Boutonnat, Mylène Farmer, Polydor/Universal Music, sur *Monkey Me*, 2012.

Sentiment individuel et collectif à la fois, l'amour est présenté dans son œuvre comme une réalité universelle, qui se déploie à chaque moment important de la vie : de l'émotion face à la naissance d'un bébé (« Quelle maison n'a jamais pleuré / Un enfant »[1]) à la douleur de la perte de l'être aimé (« L'Anathème est lourd, les serments brûlants »[2]), en passant par ce lâcher-prise que chacun de nous est en mesure de ressentir face à la puissance de l'amour (« Quel frisson de m'anéantir / Dans son ventre »[3]). Et l'*innamoramento*, du fait de la violence de son déclenchement, est le procédé qui exprime le mieux cette puissance.

Il est à rapprocher du coup de foudre – même s'il intervient tout juste après –, symbolisé dans « L'amour naissant » par les coups de tonnerre qui ouvrent la chanson. Cet état transitoire est l'un des moments de la vie humaine où le corps et l'âme (l'esprit) sont directement connectés, selon Descartes : « Lorsque j'étais enfant, j'aimais une fille de mon âge, qui était un peu louche ; au moyen de quoi, l'impression qui se faisait par la vue en mon cerveau, quand je regardais ses yeux égarés, se joignait tellement à celle qui s'y faisait aussi pour émouvoir la passion de l'amour, que

1. Mylène Farmer, « L'amour naissant », *op. cit.*
2. *Ibid.*
3. *Ibid.*

longtemps après, en voyant des personnes louches, je me sentais plus enclin à les aimer qu'à en aimer d'autres, pour cela seul qu'elles avaient ce défaut ; et je ne savais pas néanmoins que ce fût pour cela. »[1]

Le *cogito ergo sum* (« je pense, donc je suis ») est alors pleinement présent et actif. Il ne s'agit pas seulement d'une preuve d'existence réflexive mais également d'une expérience de pensée dans laquelle s'exprime une philosophie de l'action : aller vers autrui puisqu'autrui nous renvoie nos propres souvenirs, même inconscients. De là cette citation de Rimbaud, presque érigée en maxime : « je est un autre »[2], à travers laquelle le poète transmet différents messages. L'expression poétique est présentée comme le dédoublement de l'artiste – ce dernier n'est pas maître de ce qu'il exprime. Mais l'altérité est également tournée vers autrui : l'Autre est cet inconnu qui nous renvoie l'image de nous-même et vers lequel il est possible d'agir. Le titre « L'autre... » de Mylène Farmer sacralise cette idée (« Je suis en toi / Et toi c'est moi »[3]). Et cet Autre justement n'est

---

1. René Descartes, « Lettre à Chanut », 6 juin 1647, dans *Œuvres complètes*, Gallimard, Paris, 1953.

2. Arthur Rimbaud, « Lettre à Paul Demeny », 15 mai 1871, dans *Œuvres complètes*, Gallimard, Paris, 2009.

3. Mylène Farmer, « L'autre... », *op. cit.*

jamais qu'un *ami*, un terme à comprendre de manière inaugurale. Cet *ami*, c'est un proche, un parent, un amant, un ami..., tout être en mesure de trouver de la valeur à nos yeux.

Le coup de foudre n'est qu'une mécanique possible – et non obligatoire – qui peut ouvrir sur l'*innamoramento*. Et ce dernier est envisageable par l'expérience active de la relation naissante avec cet *ami*. C'est, comme l'exprimait Jankélévitch avec les exemples de Prague et de la sortie du métro Raspail, où il rencontra celle allait devenir son épouse, la possibilité de reconnaître quelqu'un sans le connaître[1], de le retrouver alors qu'il est encore un anonyme. C'est ce *vous* auquel Mylène Farmer adresse ses vœux d'amour dans le titre « Consentement » : « Je veux du "Vous" / Quand les dessous sont tutoiements »[2]. Et ce *vous*, là encore, est multiple : s'il désigne dans cette chanson l'être aimé passionnément – le double platonicien –, il s'ouvre à d'autres endroits dans son œuvre à l'universel. L'amour en effet n'est pas dirigé vers une personne unique exclusivement mais une multitude. Et c'est là que coïncide le message farmerien avec la pensée d'Alberoni : l'amour est une forme de révolte

1. Podcast « L'amour », avec Raphaël Enthoven et Adèle Van Reeth, *op. cit.*
2. Mylène Farmer, « Consentement », compo. Laurent Boutonnat, Mylène Farmer, Polydor/Universal Music, sur *Innamoramento*, 1999.

(« la bataille est belle »[1]), à travers laquelle chacun est en mesure de combattre pour le bien.

« J'ai rêvé que... »

Quand « XXL » est sorti, Mylène Farmer s'est d'emblée réimposée dans le paysage musical des années 1990. Et c'était sans compter sur le succès du titre « Rêver », chanson elle aussi inaugurale ou emblématique de sa carrière. Mais pourquoi ? Cette ode à l'amour va bien au-delà de la passion amoureuse à deux. C'est presque un manifeste social. Elle décrit la haine de l'autre (« Nous ne marcherons plus ensemble »[2]), en prenant différents exemples :

- les atrocités commises durant la Seconde Guerre mondiale (« Et d'avoir condamné vos différences »), et en particulier la Shoah (« Dansent les flammes, les bras se lèvent »), thème que l'on retrouvera dans « Souviens-toi du jour », et les camps de concentration (« Là où il va il fait un froid mortel ») ;

1. Mylène Farmer, « Bleu noir », compo. Moby, Mylène Farmer, Polydor/Universal Music, sur *Bleu Noir*, 2010.

2. Mylène Farmer, « Rêver », compo. Laurent Boutonnat, Mylène Farmer, Polydor/Universal Music, sur *Anamorphosée*, 1995. *Ibid.* pour les citations suivantes.

- le racisme, avec l'adaptation du titre *J'irai cracher sur vos tombes* de Vernon Sullivan (Boris Vian), qui raconte l'histoire d'un jeune métis américain qui vengera son frère, assassiné pour la couleur de sa peau ;
- l'idée des murs à abattre, qui rappelle l'histoire du mur de Berlin, séparant une population en deux entités.

L'humanité a les mains couvertes de sang par l'effet de l'intolérance, et ce constat n'est pas arrêté puisque « le monde avorté [est] suspendu pour l'éternité ». Or, l'homme est, selon la philosophie sartrienne, responsable de ses actes, il ne peut se déresponsabiliser, notamment par la voie religieuse (« les anges sont las de nous veiller »). L'amour caractérise ainsi la seule voie possible entre les hommes, idée contenue dans la phrase « J'ai rêvé qu'on pouvait s'aimer », avec un clin d'œil appuyé à l'introduction du discours de Martin Luther King du 28 août 1963 (« *I have a dream* »).

Le thème sera repris dans différents titres de Mylène Farmer : l'amour doit être dirigé vers tout le monde, sans restrictions. Et c'est en ce sens que sa « Love song » est autant pour les « laissés pour compte »[1] que

1. Mylène Farmer, « Love Song », compo. Mylène Farmer, Martin Kierszenbaum, Polydor/Universal Music, sur *Interstellaire*, 2015.

les autres. Les différences de chacun, notamment sur les questions du genre et de la sexualité, n'ont aucune valeur, et la bienveillance doit être généralisée à autrui – la démarche est donc bien active et non passive : « Je bâtirai / The city of love »[1]. C'est en substance ce que dit Camus quand il appelle l'homme à la révolte. Et le champ lexical de la guerre, dans l'œuvre farmerienne, trouve alors tout son sens : la *bataille* dans « Bleu noir », la *résistance* dans « Love song », les *blessures* dans « Point de suture » et bien d'autres. C'est aussi le message de Saint-Exupéry, qui peut lui-même être associé à l'existentialisme et à la théorie camusienne sur l'absurde. On retrouve clairement cette idée dans *Le Petit Prince* : l'humanité va mal, représentée par les hommes sur les astéroïdes. La seule voie imaginable, c'est l'amour, l'apprivoisement de l'autre, qui doit s'exprimer dans une philosophie de l'action par le travail puisque « chacun est seul responsable de tous »[2] : c'est le chemin de la solidarité.

Mais comment s'inscrire dans cette voie ? La méthode est disséminée dans l'œuvre de Mylène Farmer. Il faut, pour chacun de nous :

---

1. Mylène Farmer, « City of love », compo. Mylène Farmer, Martin Kierszenbaum, Polydor/Universal Music, sur *Interstellaire*, 2015.

2. Antoine de Saint-Exupéry, *Pilote de guerre*, Gallimard, Paris, 1942.

- être dans une démarche collective et non individuelle – c'est le sens de la révolte (« J'appelle au grand nombre / Le droit d'aimer »[1]) – et dans une attitude positive face à l'avenir (« Oui mais... non »), même si « c'est l'ère du toc »[2] ;
- se placer dans une disposition de bienveillance, de douceur à l'égard d'autrui (« Lui parler d'amour à volonté »[3]) mais aussi d'ouverture à ses différences (« N'avoir d'autres vœux que l'autre / Même un instant »[4]) et à ses défauts en tant qu'humain (« C'est dans l'air ») ;
- garder une mémoire vive de l'Histoire pour ne pas enterrer les souvenirs des terreurs perpétrées sur les populations (« Quand la mémoire a oublié / Souviens-toi... »[5]) ;
- maintenir son âme d'enfant pour continuer à s'émerveiller de la vie (« Dessine-moi un mouton ») ;
- se protéger soi-même pour éviter les dictats, seul moyen d'aimer de manière authentique (« Désobéissance / À l'audace / Je fais le serment / Des mots d'amour »[6]).

---

1. Mylène Farmer, « Réveiller le monde », *op. cit.*
2. Mylène Farmer, « Oui mais... non », *op. cit.*
3. Mylène Farmer, « Souviens-toi du jour », *op. cit.*
4. Mylène Farmer, « City of Love », *op. cit.*
5. Mylène Farmer, « Souviens-toi du jour », *op. cit.*
6. Mylène Farmer, « Désobéissance », *op. cit.*

Pour être dans cette démarche, il est nécessaire de travailler ses propres valeurs, ou vertus. C'est là encore l'un des points centraux de la pensée de Saint-Exupéry : faire sa toilette et celle de sa planète, dans *Le Petit Prince*, est une allégorie de l'idée de soigner son corps et son esprit. Parmi les vertus à la source de l'amour, il y a l'empathie, c'est-à-dire la capacité à percevoir les émotions d'autrui : « Et quand j'entends / Trop de vraies souffrances / C'est comme / Un miroir / Comme un bouche à bouche / Je sens / Un souffle / Qui naît à l'unisson / Mon double »[1]. Mais ce n'est pas la seule. Jankélévitch a listé l'ensemble des vertus que l'homme doit protéger : le courage, la sincérité, la fidélité, l'humilité, la modestie, la justice et l'amour, ce dernier les couvrant toutes et en étant la source première[2]. Mylène Farmer épouse ainsi une « éthique de l'amour [qui] culmine en un acte créateur unique que le sujet doit – dans le même temps qu'il accueille la grâce – découvrir au fond de lui et qui fait de lui une personne. »[3]

---

1. Mylène Farmer, « Retenir l'eau », compo. Léon Deutschmann, Mylène Farmer, Stuffed Monkey/Sony Music, sur *Désobéissance*, 2018.

2. Vladimir Jankélévitch, *Traité des vertus II*, Tome 1. Les vertus et l'amour, Champs/Flammarion, Paris, 2011.

3. Isabelle de Montmollin, *La Pensée de Vladimir Jankélévitch*, Presses Universitaires de France, Paris, 2000.

En étant tourné vers le collectif, chacun de nous est en mesure d'éprouver sa liberté. L'amour, là encore, répond à l'angoisse de l'existence et à l'absurdité du monde, c'est-à-dire à la conscience de sa propre finitude. Or, selon Sartre, c'est bien la responsabilité qui permet d'épouser cette liberté car cette dernière est astreinte au libre arbitre, au choix. Et Mylène d'assurer que « La vie est belle / Quand on aime »[1], et c'est bien là le moyen privilégié pour vivre et « Mourir sans chaînes »[2].

La philosophie du Petit Prince

En écrivant *Le Petit Prince*, et en dessinant les illustrations, Antoine de Saint-Exupéry était loin d'imaginer le succès de ce conte : c'est aujourd'hui le livre le plus traduit dans le monde après la Bible. Mais pourquoi ? L'auteur y développe une philosophie à destination des adultes, tout en parlant directement aux enfants : la double énonciation permet ainsi de toucher tout un chacun, à n'importe quel moment de sa vie. Mais ce n'est pas la seule raison. Mylène Farmer a souligné, dans « Dessine-moi un mouton », toute la problématique que soulève le conte philosophique de

1. Mylène Farmer, « À force de... », compo. Laurent Boutonnat, Mylène Farmer, Polydor/Universal Music, sur *Monkey Me*, 2012.
2. *Ibid.*

Saint-Ex : nous vivons dans un monde absurde et, une fois devenu adultes, nous ne sommes plus en mesure de voir les choses importantes de la vie.

Dans l'œuvre de Saint-Ex, un pilote rencontre ce Petit Prince qui est en recherche d'amis. Tous deux vont alors mener une quête individuelle : le jeune personnage se rendra sur différents astéroïdes, à la découverte d'humains centrés sur eux-mêmes et traversés par les vices, qui ont perdu le vrai sens de la vie. Il rencontrera ensuite le Sage par excellence dans le personnage du renard, qui lui expliquera l'importance d'apprivoiser l'autre. Le pilote, de son côté, apprendra la valeur de la vie par l'expérience initiatique et en écoutant le récit de son compagnon.

La fin du voyage nous fait comprendre l'essentiel de la pensée de Saint-Exupéry, déjà exprimée dans ses œuvres précédentes : l'Homme se place en tant qu'idéal car il permet le mouvement du collectif. Ce collectif renvoie à la responsabilité, de soi mais aussi des autres. Le travail, représenté par la scène de l'allumeur de réverbères, « Le seul dont j'eusse pu faire mon ami »[1], selon les mots du Petit Prince, indique l'une des voies possibles : il donne du sens à nos vies car nous ne travaillons que pour les autres. La philosophie se raccroche ainsi à l'existentialisme de Sartre, à la théorie de l'absurde de Camus, mais aussi à une idéologie des valeurs qui se rapproche de l'humanisme des Lumières[2].

---

1. Antoine de Saint-Exupéry, *op. cit.*

2. Gwendal Fossois, *Philosophie du Petit Prince*, L'Opportun, Paris, 2021.

LE JEU DE L'ANAMORPHOSE

Quand l'album *Désobéissance* sort dans les bacs en 2018, Mylène Farmer reçoit une pluie de louanges et la critique est dans l'ensemble unanime pour affirmer que l'opus est probablement l'un des meilleurs de toute son œuvre. La pochette elle-même exalte les analyses des journalistes et des fans qui y lisent une myriade de symboles dissimulés. Après presque quarante ans de carrière, l'artiste ne cesse de fasciner et de séduire. Sa capacité à se renouveler en permanence, et particulièrement au niveau des sons, joue un rôle fondamental dans cette réussite, mais ce n'est pas la seule raison. Au fil des années, la chanteuse a tissé un univers particulièrement riche et complet qui, au-delà de la discographie même, se poursuit à travers les clips, dans les livres, sur le web mais aussi sur scène. Et le public est toujours au rendez-vous : les premiers jours de mise en vente des billets du Tour 2009, les billetteries vivent un véritable petit raz-de-marée. Les deux dates du Stade de France sont complètes en moins de deux heures. Le succès se poursuit presque quinze ans plus tard, avec des ventes vertigineuses pour le Tour 2023.

Mylène Farmer n'a cessé de s'*anamorphoser* dès les années 1980. Sa métamorphose est subtile, délicate, toujours applaudie. Car si son univers s'est développé, s'engorgeant de nouvelles inspirations littéraires et musicales, il aborde toujours des thèmes qui en sont à la source depuis l'origine. Les références poétiques, et en particulier à Baudelaire, s'esquissent jusque dans son dernier opus, réaffirmant son intention poétique, une manière de transmettre sa pensée en acte, et accompagnant l'idée d'une révolte face aux désastres du monde. Elle embrasse ainsi une philosophie de l'action qui trouve toute sa signification dans les thèmes récurrents qu'elle aborde, et qui affirme sa position de disciple, directe ou non, de Sartre, Camus, Saint-Exupéry, Sade, Rinpoché ou Jankélévitch.

Le rapport à l'identité, à cet Autre qui respire en soi, alimente son message existentiel et interroge le sens de la vie, individuellement et dans le collectif. C'est de fait de la notion de finitude qu'il est question : l'impermanence de nos corps permet de remettre de la valeur dans nos vies. Et c'est par le biais de la spiritualité, entre la pensée platonicienne et les philosophies bouddhistes, que cette idée s'exprime avec la plus grande puissance. La foi permet de se diriger vers cette ascension spirituelle, mais en la déconnectant des icônes et des dogmes religieux. Et la sexualité, sur le modèle des libertins, trouve tout particulièrement son sens dans cette défiance des règles normatives.

Loin de s'adonner à un modèle de concupiscence, Mylène Farmer interroge au contraire les normes de sexe et de genre en vue de transmettre un message d'ouverture à autrui. Et derrière ces réflexions pulse un sujet qui sonne le cœur même de son œuvre : l'amour est la seule réponse acceptable pour vivre avec soi-même et avec les autres. L'amour nous invite être bienveillant, à contrer les horreurs de l'Histoire, à construire un nouveau monde où chacun est en mesure de trouver sa place. L'amour nous permet de nous élever en prenant part à cette révolte commune, de manière à construire ensemble des lendemains heureux. La seule solution, c'est de se laisser embrasser entièrement par l'émotion, laisser *tout son être s'imposer à nous* et, enfin, *trouver son écho* à travers le monde. *J'ai rêvé qu'on pouvait s'aimer*, chante Mylène, et il ne suffit que d'un mot, d'un geste, pour transformer ce rêve en réalité.

INDEX DES NOTIONS PHILOSOPHIQUES PRINCIPALES

I

L

M

P

Q

R

INDEX DES PHILOSOPHES, POÈTES ET AUTEURS

A

B

C

D

Imprimé en France par CPI Firmin-Didot
en novembre 2022
N° d'impression : 172695
ISBN : 978-2-38015-607-2
Dépôt légal : octobre 2022